PONS

W0329737

Gewusst wie!

Grammatik-Training
FRANZÖSISCH 2. Lernjahr

Wer's versteht, lernt leichter.

von
Wolfgang Oestreicher

Ernst Klett Sprachen GmbH
Barcelona • Belgrad • Budapest • Ljubljana • London • Posen • Prag
Sofia • Stuttgart • Zagreb

PONS
Gewusst wie!
Grammatik-Training
FRANZÖSISCH 2. Lernjahr

Wer's versteht, lernt leichter.

von
Wolfgang Oestreicher

Auflage A1 5 4 3 2 / 2011 2010 2009 2008

© Ernst Klett Sprachen GmbH, Rotebühlstraße 77, 70178 Stuttgart, 2007
Internet: www.pons.de
E-Mail: info@pons.de
Alle Rechte vorbehalten.

Redaktion: Christine Lippet
Logoentwurf: Erwin Poell, Heidelberg
Logoüberarbeitung: Sabine Redlin, Ludwigsburg
Illustrationen: Stefan Theurer, Eningen
Einbandgestaltung: Schmidt & Dupont
Titelfoto: Vlado Golub, Stuttgart
Layout/Satz: andrea grundmann kommunikationsgestaltung, Karlsruhe
Gesamtherstellung: Print Consult GmbH, München
Printed in Slovak Republic.
ISBN: 978-3-12-561387-4

Vorwort

Herzlich Willkommen!

Mit dem **PONS Gewusst wie! Grammatik-Training** hast du ein Übungsbuch, mit dem du gezielt bestimmte grammatische Themen wiederholen und üben kannst.

Wie ist das Buch aufgebaut?

Wir haben verschiedene grammatische Themen zu einem Themenblock zusammengefasst. Jeder Themenblock endet mit einem Test. Die **Kapitel** gehen über zwei Seiten und sind so aufgebaut, dass du auf der ersten (rechten) Seite die Erklärung zu einem Thema erarbeitest. Dann blätterst du um und wendest die Regeln zu diesem Thema in verschiedenen Übungen an, ohne die Erklärung zu sehen. Im **Test** kannst du überprüfen, wie gut du die vorhergehenden Themen beherrschst. Im Anhang findest du die **Lösungen**, die **Wortliste**, in der du die wichtigsten Wörter nachschlagen kannst, und eine Tabelle mit den **Verbkonjugationen** und den **Zahlen**.

Dieses Symbol bedeutet ‚Achtung!' und weist dich auf Ausnahmen oder knifflige Sonderregeln hin. Diese Informationen sind besonders wichtig.

Hier findest du entweder einen Tipp zur Lösung der Übung oder einen weiterführenden Lerntipp.

Nicht alle grammatischen Themen, die hier behandelt werden, stehen in jedem Bundesland oder in jeder Schulart auch auf dem Lehrplan. Diese Themen oder Übungen haben wir mit einem Sternchen markiert.

Wie arbeitest du sinnvoll mit dem Buch?

Du kannst mit der **Bestandsaufnahme** beginnen, um auf die Schnelle zu sehen, welche Themen du noch üben solltest. Die Lösungen sagen dir, in welchem Kapitel das Thema bearbeitet wird. Oder du machst die Bestandsaufnahme am Schluss, um deine Fortschritte zu sehen.

Wenn du schon weißt, wo du mehr Übung brauchst, suchst du dir im **Inhaltsverzeichnis** gezielt Kapitel aus. Natürlich kannst du die Themen auch in der vorgegebenen Reihenfolge durcharbeiten.

Bei den Sternchenthemen und -übungen solltest du in deinem Schulbuch nachschauen, ob sie in diesem Schuljahr behandelt werden. Wenn ja, dann solltest du sie auf jeden Fall bearbeiten. Wenn sie für dich kein Thema sind, kannst du es trotzdem versuchen oder bis zum nächsten Schuljahr warten. Überspringe dann in den Tests die Sternchenübungen.

Viel Spaß und Erfolg beim Lernen!

Inhaltsverzeichnis

I

Inhaltsverzeichnis

I

Vergangenheit: Imparfait und Passé composé

Pronomen

Adjektive

Satzbau

Zahlen, Mengen, Präpositionen

Bestandsaufnahme

1 Was passt in die Lücke? Kreuze an.

1. Je viens ______ marché
   - a. du
   - b. de le
   - c. de
2. Pascal va ______ école
   - a. à la
   - b. au
   - c. à l'
3. Nous sommes rentrés ______ vacances.
   - a. aux
   - b. du
   - c. des

2 Welches Substantiv hat nicht die angegebene Gemeinsamkeit? Kreuze an.

1. Geschlecht
   - a. article
   - b. anorak
   - c. interview
   - d. abricot
2. Plural
   - a. animal
   - b. cheval
   - c. maison
   - d. journal
3. Weibliche Form
   - a. boulanger
   - b. copain
   - c. pâtissier
   - d. cuisinier

3 Welche Possessivpronomen und Demonstrativpronomen sind hier richtig?

1. ______ école
   - a. ma
   - b. mon
   - c. m'
2. ______ frères
   - a. mes
   - b. mon
   - c. ma
3. Tu connais ______ photo ?
   - a. cet
   - b. ces
   - c. cette
4. Tu as lu ______ livres ?
   - a. cet
   - b. ces
   - c. cette

4 Welcher Infinitiv gehört zu der Verbform?

1. nous sommes
   - a. avoir
   - b. être
   - c. sonner
2. ils font
   - a. faire
   - b. falloir
   - c. fermer
3. tu dois
   - a. donner
   - b. dorer
   - c. devoir

5 Welche Verbform gehört zum angegebenen Personalpronomen?

1. nous
   - a. sommes
   - b. sont
   - c. êtes
2. je
   - a. fait
   - b. doit
   - c. peux
3. ils
   - a. doivent
   - b. veut
   - c. s'ennuie

6 In welche Lücke gehört das angegebene Wort?

1. pas : Je ne ______ peux ______ venir ______ .
2. va : Il ______ se ______ coucher ______ .
3. me : Je ______ vais ______ occuper ______ des boissons.

7 Welche Form des Participe Passé musst du einsetzen?

1. elle a ______
   - a. attendu
   - b. attendue
   - c. attendus
2. ils sont ______
   - a. allé
   - b. allée
   - c. allés
3. elle s'est ______
   - a. amusé
   - b. amusée
   - c. amusées

8 Welche Verbform steht im Imparfait?

1.
   - a. vous regardiez
   - b. vous regardez
   - c. vous avez regardé
2.
   - a. il faisait
   - b. nous faisons
   - c. ils font
3.
   - a. vous êtes
   - b. ils ont été
   - c. tu étais

B

9 Welches Pronomen musst du in die Lücke einsetzen?
1. Donne-____ le ballon.
- a. me
- b. moi
- c. le

2. On peut bien travailler avec ____.
- a. lui
- b. il
- c. notre

3. Moi, je rentre, et ____ ?
- a. toi
- b. tu
- c. te

10 Welcher Satz mit Objektpronomen passt?
1. Marc offre un cadeau à sa sœur.
- a. Il le lui offre.
- b. Il la leur offre.

2. Sophie est allée à Paris.
- a. Elle en est allée.
- b. Elle y est allée.

3. Tu me prêtes ton vélo ?
- a. Oui, je vous la prête.
- b. Oui, je te le prête.

11 Welches Adjektiv passt ?
1. un ____ ordinateur
- a. nouveau
- b. nouvel
- c. nouvelle

2. la ____ ville
- a. plus grande
- b. moins grand
- c. aussi grande

12 Welche Verneinungsform passt?
1. Je ne suis ____ allée à Paris.
- a. aucun
- b. pas encore
- c. rien

2. Il n'a ____ mangé.
- a. rien
- b. que
- c. personne

13 Kreuze die richtige Form des Imperativs an.
1. ____-moi ton cahier.
- a. Donne
- b. Donnez
- c. Donnons

2. ____ avec nous.
- a. Vient
- b. Viens
- c. Viennent

14 Welches Fragewort passt ?
1. -____ est-ce que le train arrive ?
- a. Qui
- b. Quand
- c. Qu'

2. -____ est-il allé ?
- a. Où
- b. Qui
- c. Quel

15 Welches Relativpronomen gehört in die Lücke?
1. C'est le film ____ tout le monde parle.
- a. qui
- b. que
- c. dont

2. C'est un film ____ me plaît beaucoup.
- a. qui
- b. que
- c. dont

16 Kreuze die richtige Zahl an.
1. soixante-douze
- a. 62
- b. 72
- c. 16

2. quatre-vingt-dix
- a. 90
- b. 86
- c. 34

17 Was kannst du einsetzen?
1. Le film commence ____
- a. depuis 2 heures
- b. à 4 heures
- c. pour 2 heures

2. J'habite à Paris ____ un mois.
- a. avant
- b. depuis
- c. en

18 Was musst du hier einsetzen?
1. Tu veux encore ____ limonade ?
- a. du
- b. des
- c. de la

2. Je prends encore un peu ____ vin.
- a. du
- b. des
- c. de

Grammatikbegriffe

Bezeichnung	Entsprechung, Beispiele
Adjektiv – l'adjectif	Eigenschaftswort: rouge, grand
Artikel – l'article	Geschlechtswort
bestimmter Artikel – l'article défini	le, la, les
unbestimmter Artikel – l'article indéfini	un, une, des
Bindung – la liaison	Bindungsverbundene Aussprache zweier Wörter: les‿amis
Demonstrativbegleiter	hinweisendes Fürwort: **ce** chien, **cette** fleur
feminin, Femininum – féminin	weiblich
Fragesatz – l' interrogation	
Est-ce que-Frage	Est-ce que tu aimes les maths ?
Intonationsfrage/ Inversionsfrage	Tu es Patrick ?/ Comment t'appelles-tu ?
Fragewort – le déterminant interrogatif	où ? qui ? comment ?
Futur composé, Futur proche	(zusammengesetzte) Zukunft: je **vais venir**
Imparfait	Imperfekt: j'étais
Imperativ – l'impératif	Befehlsform: Viens ! Allons ! Regardez !
indirekte Rede – le discours indirect	Julie raconte qu'elle a une bonne note en maths.
Infinitiv – l'infinitif	Grundform des Verbs: chercher, boire, venir
Komparativ – le comparatif	Vergleich: plus grand que...
Konjugation - la conjugaison	Beugung des Verbs: je cherche, tu cherches, ...
maskulin, Maskulinum – masculin	männlich
Objekt	Satzergänzung
direktes Objekt	Elle cherche **la voiture**.
indirektes Objekt	Elle raconte l'histoire **à Sophie**.
Objektpronomen: direkt/ indirekt	Je **le** prends. / Je **lui** donne le livre.
Partizip Perfekt – le participe passé	mangé, vu, été
Passé composé	(zusammengesetzte) Vergangenheit: j'**ai été**
Plural – le pluriel	Mehrzahl
Possessivbegleiter, Possessivpronomen	besitzanzeigendes Fürwort: **mon** chien, **ta** famille
Präposition – la préposition	Verhältniswort: à, de, pour, avec...
Personalpronomen – le pronom personnel	Fürwörter, Platzhalter für Substantive: je, moi
Reflexivpronomen – le pronom réfléchi	rückbezügliches Fürwort: me, te, se... je **m'**appelle
Relativpronomen – le pronom relatif	C'est une école **qui** est très grande.
Relativsatz – la proposition relative	C'est une école **qui est très grande.**
Singular – le singulier	Einzahl
Subjekt – le sujet	Satzgegenstand *Wer oder was?* **Christian** travaille.
Subjektpronomen – le pronom sujet	Fürwort als Subjekt: **Je** travaille.
unbetonte (verbundene) – conjoints	je, tu, il/ elle/ on, nous, vous, ils/ elles
betonte (unverbundene) – disjoints	moi, toi...
Substantiv – le nom	Hauptwort, Nomen: la maison, le professeur
Superlativ – le superlatif	höchste Stufe des Vergleichs: le plus grand

Bestimmter und unbestimmter Artikel

1 Die folgenden Dialoge sind durcheinander geraten. Verbinde die Aussagen, die zusammen gehören, und unterstreiche die unbestimmten Artikel und die bestimmten Artikel mit der Präposition à.

1. Je veux acheter un steak.
2. Je cherche des pommes.
3. J'ai besoin d'un cahier.
4. Tu as acheté un pull ?
5. J'ai soif, je veux boire un coca.
6. Je cherche un gâteau pour l'anniversaire de Karine.
7. On va manger une pizza ce soir ?
8. Mon frère cherche un nouveau téléphone portable.

a. Regarde donc à la pâtisserie Leblanc.
b. Tu le trouves à la papeterie.
c. Allons au café là-bas.
d. Alors va à la boucherie en face.
e. D'accord, à 8 heures au restaurant italien ?
f. Oui, je l'ai acheté à la boutique rue Descartes.
g. Il pourrait aller au bureau télécom.
h. Mais va donc au marché.

Im Französischen gibt es nur zwei Artikel (männlich und weiblich). Teilweise wird der bestimmte Artikel mit den Präpositionen de und à verbunden. Sieh dir die Sätze oben nochmals an und vervollständige die Tabelle:

	maskulin vor Konsonant	**feminin vor Konsonant**	**maskulin oder feminin vor Vokal**	**Plural**
unbestimmter Artikel	______	______	un/ une	des
bestimmter Artikel	le	______	l'	les
à + bestimmter Artikel	______	à la	à l'	aux
de + bestimmter Artikel	du	de la	de l'	______

- Substantive haben in Deutsch und Französisch oft unterschiedliche Artikel (le groupe – *die Gruppe* oder la photo – *das Foto*), lerne deshalb die Substantive immer mit dem Artikel.
- jouer de: ein Instrument spielen, z.B. jouer du piano
  jouer à: Sport, Spiele, z.B. jouer au foot/aux cartes
- Im Deutschen gibt es keinen unbestimmten Artikel im Plural, im Französischen muss dagegen der unbestimmte Artikel Plural des vor das Substantiv gestellt werden.

TIPP

Substantive, die mit Vokal beginnen, lernst du am besten immer mit dem unbestimmten Artikel (**une** eau minérale – *ein Mineralwasser*).

Bestimmter und unbestimmter Artikel

2 Manche Substantive haben im Deutschen und im Französischen das gleiche Geschlecht, andere jedoch nicht. Ergänze jeweils mit un oder une.

A. Diese Substantive haben in beiden Sprachen das gleiche Geschlecht.

______ atlas, ______ éléphant, ______ orange, ______ annonce, ______ idée

B. Achtung! Bei diesen Substantiven ist das Geschlecht anders als im Deutschen.

______ appartement, ______ interview, ______ abricot, ______ instrument, ______ album

C. Auch diese Substantive haben im Deutschen einen anderen Artikel.

escalier, ______ œuf, ______ armoire, ______ assiette, ______ étagère, ______ oignon

3 Ergänze mit (un, une, des) oder du, de la, de l', des.

1. Pascal a acheté ______ steak. Il vient ______ boucherie.
2. Karine et Myriam ont mangé ______ glace. Elles viennent ______ café.
3. Ce sont ______ croissants ______ boulangerie Ducros.
4. Corinne a trouvé un jean. Elle vient ______ Galeries Lafayette.

4 Ergänze die Geschichte mit de/ à + bestimmter Artikel und einem der vorgegebenen Wörter. In der richtigen Reihenfolge eingesetzt, ergeben die fett gedruckten Buchstaben der Wörter die Lösung auf die letzte Frage.

res**t**aurant guita**r**e supermarch**é** é**c**ole exposé gare café hôp**i**tal **f**ête

Aujourd'hui c'est mercredi et Pascal ne doit pas aller ______ (1). Il va ______ (2) et discute avec ses copains ______ (3) qu'ils veulent organiser ce samedi. Puis il travaille ______ (4) qu'il doit faire en histoire. À midi, il mange ______ (5) avec sa mère. L'après-midi, il fait les courses ______ (6). À 3 heures il a rendez-vous avec ses copains pour faire de la musique. Pascal joue ______ (7). Après il va ______ (8) chez son frère Éric qui est malade. Il prend le train parce que l'hôpital est juste en face ______ (9). Mais Éric n'est pas dans sa chambre. Où est-il ?

Singular und Plural der Substantive

1 Hier fehlen die Endungen der Substantive. Diese beiden Wortgruppen enden jeweils mit denselben Buchstaben. Findest du sie?

1.a. anim ______ b. hôpit ______ c. journ ______ d. chev ______ e. princip ______

2. a. bat ______ b. bur ______ c. chap ______ d. tabl ______ e. gât ______

Substantive mit den Endungen -al und -eau sind immer männlich. Sie bilden den Plural nicht mit s, sondern haben eine unregelmäßige Pluralform: un anim**al** – des anim**aux**, le bat**eau** – les bat**eaux**.
Auch die folgenden Substative bilden den Plural mit -x. Schreibe die Pluralform auf die Linie.

3. le cheveu – les ______ 4. le caillou – les ______

2 Substantive, die im Singular auf -s, -x oder -z enden, bekommen im Plural kein weiteres s. Setze die folgenden Substantive in die Sätze ein.

fils atlas mois cours souris pays bus

1. Les chats aiment bien les ______ .
2. Novembre et décembre sont les derniers ______ de l'année.
3. Je prends le ______ pour aller à l'école.
4. En géographie, nous travaillons souvent avec les ______ .
5. Au collège, les ______ commencent à 8 heures le matin.
6. L'Allemagne et la France sont des ______ d'Europe.
7. Pierre Lebrun est le ______ de M. Lebrun.

3 Die meisten Substantive bilden die weibliche Form durch Anhängen von -e. Doch es gibt auch einige andere Endungen. Ergänze die weiblichen Formen.

1. un act**eur** – une act**rice**, un conducteur – une ______ ,
   un directeur – une ______
2. un chant**eur** – une chant**euse**, un danseur – une ______ ,
   un vendeur – une ______
3. un cuisin**ier** – une cuisini**ère**, un pâtissier – une ______
4. un mécanic**ien** – une mécanic**ienne**, un chien – une ______

Singular und Plural der Substantive

4 Bei diesem Rätsel werden Substantive mit unregelmäßigem Plural oder unregelmäßiger weiblicher Form gesucht.

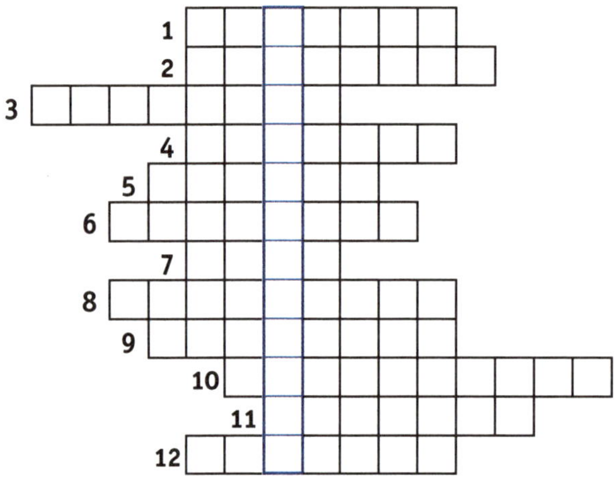

Waagerecht: 1. Le chien et le chat sont des... 2. Une femme qui danse est une... 3. Elle travaille dans un grand magasin. 4. On les achète chez le pâtissier. 5. Jean-Luc est mon copain, et Amélie ma... 6. Les malades sont dans les... 7. Les voitures s'arrêtent quand ils sont rouges. 8. Elle chante, c'est une... 9. Je les lis tous les matins. 10. forme féminine de directeur 11. Pour ton anniversaire les copains te donnent beaucoup de... 12. Elle a les... blonds.
Senkrechtes Lösungswort: Elle travaille à l'école primaire.

5 Trage den Plural der Substantive in die richtige Tabellenspalte ein. Bilde von allen mit * markierten Substantiven die weibliche Form im Singular.

Sg. m.	Sg. f.	Pl. m. mit -s	Pl. m. mit -x	Plural = Singular
le cuisinier*	*la cuisinière*	*les cuisiniers*		
le chanteur*				
le bus				
la souris				
le journal				
le pâtissier*				
le tableau				
le pays				
le cheval				
le fils				
le musicien*				
le travail				
le boulanger*				
le feu				

Demonstrativ- und Possessivbegleiter

3

1 Pierre zeigt seinem Freund noch mehr Fotos und beantwortet seine Fragen. Suche zu jeder Frage die passende Antwort.

1. Là, c'est ta copine ?
2. Et ça, c'est ton chat ?
3. Et sur **cette** photo, c'est ton école ?
4. **Ce** petit garçon, c'est ton frère ?
5. Et **cet** homme à gauche, c'est ton père ?
6. **Ces** chiens sont à toi ?

a. Non c'est moi avec ma mère.
b. Non, c'est le chat de mon copain Nicolas.
c. Non, c'est l'école de mes frères.
d. Non, c'est mon oncle, le frère de ma mère.
e. Oui, ce sont mes chiens.
f. Oui, c'est ma copine Nathalie.

Ergänze nun in dieser Tabelle die fehlenden Possessivbegleiter.

		Nomen		
		m. Sg.	**w. Sg.**	**Pl.**
Besitzer	**Singular**	mon	________	mes
		________	________	tes
		son	sa	________
	Plural	notre		________
		________		vos
		leur		leurs

In der Übung oben findest du auch die Demonstrativbegleiter. Setze sie hier ein.

Artikel	le	la	l'	les
Demonstrativpronomen	ce	________	________	________

Vor Substantiven, die mit Vokal oder stummem h beginnen, steht im Singular **immer** die männliche Form des Possessivbegleiters: mon amie. Dagegen steht der Demonstrativbegleiter cet nur vor **männlichen** Substantiven, die mit Vokal beginnen: cet ami aber cette amie.

Demonstrativ- und Possessivbegleiter

2 Nun zeigen Pierre und seine Schwester gemeinsam einem Freund ihre Fotos. Setze die Possessivbegleiter votre, vos, notre, nos in alle Lücken mit **a** ein und die Demonstrativbegleiter ce, cette, cet, ces in alle Lücken mit **b** ein.

1. Là, c'est ________ (a) chat ? – Oui, c'est ________ (a) chat Minou.
2. Et ça, c'est ________ (a) mère ? – Non, c'est la mère de ________ (a) copain Nicolas.
3. Et sur ________ (b) photo, c'est ________ (a) école ? – Non, c'est l'école de ________ (a) amis.
4. ________ (b) petit garçon, c'est ________ (a) frère ? – Non c'est ________ (a) cousin Alain avec ________ (a) mère.
5. Et ________ (b) homme là, c'est ________ (a) père ? – Non, c'est ________ (a) oncle, le frère de ________ (a) père.
6. ________ (b) sont ________ (a) chiens ? – Non, ________ (b) chiens sont à ________ (a) voisin.

3 Setze Possessivbegleiter in die Lücken ein.

Corinne appelle Élodie sur son portable :

Corinne : Tu es où ?

Élodie : Je suis en ville avec ________ (1) copines et Monika.

Corinne : Monika, c'est ________ (2) cousine de Paris ?

Élodie : Non, c'est ________ (3) correspondante allemande.

Corinne : Elle est d'où, ________ (4) corres ?

Élodie : Elle est de Stuttgart.

Corinne : Elle est ici avec ________ (5) classe ?

Élodie : Non, elle a des vacances maintenant. Elle est venue avec ________ (6) parents.

Corinne : Tu as déjà fait ________ (7) devoirs d'allemand ?

Élodie : C'est Monika qui a fait ________ (8) devoirs. ________ (9) prof va être content !

Corinne : Tu as vraiment de la chance...

1 Ergänze den **unbestimmten Artikel** und bilde den **Plural**.

1. ________ oiseau – des ____
2. ________ assiette – des ______________________________________
3. ________ animal – des ____
4. ________ caillou – des _______________________________________
5. ________ hôpital – des _______________________________________
6. ________ cheval – des ____
7. ________ atlas – des ____
8. ________ feu – des ____

2 Bilde die **weibliche Form** der Substantive.

1. un acteur – ________________________
2. un chien – ________________________
3. un cuisinier – ________________________
4. un copain – ________________________
5. un mécanicien – ________________________
6. un conducteur – ________________________

3 Ergänze in den Dialogen den **bestimmten Artikel** oder **de/ à + bestimmter Artikel**.

1. Il faut acheter ________ billets pour le voyage à Paris. – Je peux aller ________ gare demain.
2. Qu'est-ce que tu as fait ________ gymnase ? – J'ai joué ________ basket.
3. Que fait ________ frère de Pascal ? – Il joue ________ guitare avec son copain.
4. Tu as déjà acheté ________ médicament ? – Non, je passe ________ pharmacie après l'école.
5. Tu vas ________ cantine avec moi ? – Oui, mais je vais d'abord ________ toilettes.
6. Où est-ce que tu achètes ________ fruits ? – ________ marché, c'est moins cher.
7. Tu connais ________ nouveau film d'Astérix ? – Oui, je l'ai vu ________ cinéma Rex.
8. C'est une photo ________ élèves de la sixième 2 ? – Non, ce sont ________ élèves ________ sixième 3.

4 Ergänze die Sätze mit den Possessivbegleiter son, sa, ses, leur, leurs.

1. Voilà la chambre de Pascal. C'est ________ chambre.
2. Voilà la maison de Paul et Marie. C'est ________ maison.
3. Voilà le copain de ma sœur. C'est ________ copain.
4. Voilà les amis de Pierre. Ce sont ________ amis.
5. Voilà les parents de Corinne et Marc. Ce sont ________ parents.
6. Voilà l'amie de Valentine. C'est ________ amie.

5 Il a mal partout. – *Alles tut ihm weh.*

Ergänze den Text unten mit **à + Artikel**.

Ce monsieur a mal **à la** tête, mal ________ (1) nez, mal ________ (2) jambe, mal ________ (3) oreille, mal ________ (4) dents, mal ________ (5) bras, mal ________ (6) main et il a mal ________ (7) pied.

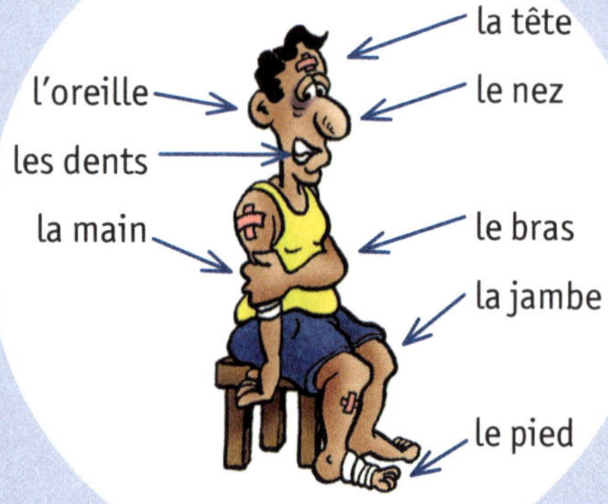

6 Presque tout est super ! – Ergänze die Sätze mit den Demonstrativbegleitern ce, cette, cet, ces.

1. Il est super ________ ordinateur !
2. Je le trouve fantastique, ________ film !
3. Tu connais ________ B.D. de Tintin ? Elle est géniale !
4. Elles sont vraiment chouettes, ________ photos !
5. Regarde ________ chats là-bas. Comme ils sont mignons !
6. Tu connais ________ jeu vidéo ? C'est super !
7. Je prends ________ jupe, elle est formidable.
8. Mais ________ pantalon-là est vraiment moche !

Regelmäßige Verben im Präsens

1

Verben auf -ir: Unterstreiche im folgenden Gespräch alle Formen des Verbs dormir.

- Où est-ce qu'on dort pendant les vacances sur la Côte d'Azur ?
- Moi, je dors sur la plage. Et toi, où est-ce que tu dors ?
- Mon copain et moi, nous dormons dans notre camping-car.
- Et Patrick, où est-ce qu'il dort ?
- Il dort à l'hôtel. Et les autres dorment à l'auberge de jeunesse. C'est moins cher.

Es gibt 3 Gruppen regelmäßiger Verben: auf -ir, -er und -re. Sie bestehen aus dem **Stamm**, der fast immer unverändert bleibt, und der **Endung**.
Das Verb dormir ist ein regelmäßiges Verb auf -ir, bei dem jedoch in der 1. – 3. Person Singular der letzte Buchstabe des Stammes wegfällt, die Endungen sind -s, -s, -t: dor~~m~~ir – je dors, tu dors, il dort. Der Plural wird regelmäßig gebildet, also auf -ons, -ez, -ent. Ähnlich konjugiert werden partir, sortir und servir.

2

Verben auf -er: Die folgenden Verben auf -er sind durcheinander geraten. Setze sie wieder richtig zusammen.

1. saesp: je ____________
2. shhrecec: tu ____________
3. dreoa: il ____________
4. osinma: nous ____________
5. otezmrn: vous ____________
6. tierravn: ils ____________

Die Verben auf -er haben die Endungen -e, -es, -e, -ons, -ez, -ent.

3

Verben auf -re: Setze die folgenden Verbformen in die Sätze ein und umkreise die Endungen.

attends réponds vend vendons attendez répondent

1. Moi, j'____________ devant la poste et vous ____________ derrière la maison.
2. M. Carel ____________ des fruits au marché et nous ____________ des légumes.
3. Julie et Pascal ____________ à la question. Pourquoi est-ce tu ne ____________ pas ?

Die Verben auf -(d)re haben die Endungen -s, -s, /, -ons, -ez, -ent. In der 3. Person Singular haben diese Verben keine Endung.

Regelmäßige Verben im Präsens

4 Füge den Verben die richtigen Endungen hinzu.

Caroline et Nicole jou______ (1) de la guitare dans un groupe de musique.
Pour un concert samedi soir, elles cherch______ (2) une chanteuse parce que Clara, leur chanteuse, est malade. Caroline téléphon______ (3) à Emma.

Caroline : Salut Emma. Nous cherch______ (4) une chanteuse pour samedi, Clara est malade. Nous avons pensé à toi parce que tu chant______ (5) très bien.

Emma : Où est-ce que vous jou______ (6) ?

Caroline : On jou______ (7) à la Maison des Jeunes, à 8 heures.

Emma : Votre groupe s'appell______ (8) « Les étoiles », non ? Je vous trouv______ (9) super !

Caroline : Écout______ (10) Emma, je sor______ (11) ce soir avec mes copines. Tu viens avec nous au café et on parl______ (12) du concert. D'accord ?

Emma : Je demand______ (13) à mes parents et je te répond______ (14) dans quelques minutes.

Caroline : À tout de suite alors. Nous t'attend______ (15) au café.

5 Zerteile die Verbschlangen, setze die Verbformen in die Tabelle ein und gib das Personalpronomen und den Infinitiv an. Bei einigen Verbformen kannst du zwei Personalpronomen eintragen.

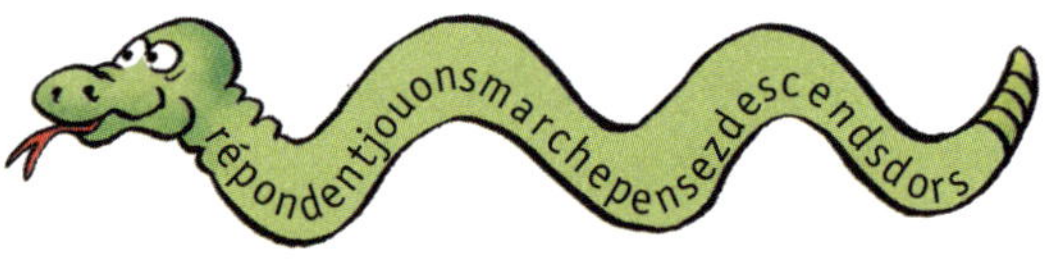

1. Wortschlange			2. Wortschlange		
Pronomen	**Verbform**	**Infinitiv**	**Pronomen**	**Verbform**	**Infinitiv**
nous	*attendons*	*attendre*	______	______	______
______	______	______	______	______	______
______	______	______	______	______	______
______	______	______	______	______	______
______	______	______	______	______	______
______	______	______	______	______	______

Reflexive Verben

5

1 Reflexive Verben werden immer von einem Reflexivpronomen begleitet. Es steht vor dem Verb. Setze die Reflexivpronomen me, te, se, nous, vous in die Lücken ein.

1. je ______ couche
2. nous ______ amusons
3. il/ elle ______ lève
4. ils/ elles ______ promènent
5. tu ______ douches
6. vous ______ intéressez

Me, te und se werden vor Vokal und stummem h zu m', t', s' verkürzt. Setze ein.

7. je ______ appelle
8. il/ elle ______ amuse
9. tu ______ habilles
10. ils/ elles ______ occupent

Bei der Verneinung umschließen ne...pas Verb und Reflexivpronomen: ils **ne** se cachent **pas**.
Setze ne und pas ein.

11. il ______ se lave ______ 12. nous ______ nous rencontrons ______ 13. je ______ m'ennuie ______

Ein reflexives Verb im Französischen ist im Deutschen nicht immer reflexiv:
je m'appelle – *ich heiße,* il se lève – *er steht auf,* ils se promènent – *sie gehen spazieren.*
Umgekehrt ist nicht jedes deutsche reflexive Verb auch im Französischen reflexiv, z. B. *sich bewegen* – bouger.

Mache Verben existieren reflexiv und nicht reflexiv:
réveiller (*aufwecken*) – se réveiller (*aufwachen*)
appeler (*rufen, anrufen*) – s'appeler (*heißen*)
Bei den nächsten Verben musst du außerdem auf den veränderlichen Verbstamm achten (vgl. Kap. 6):
lever (*hochheben*) – se lever (*aufstehen*)
promener (*spazieren führen*, z.B. den Hund) – se promener (*spazieren gehen*)

TIPP

Achte auch auf die Regeln für reflexive Verben im Passé composé (Kap. 14) und auf die Veränderung bei Reflexivpronomen in der Befehlsform (Kap. 17).

Reflexive Verben

2 Setze die reflexiven Verben in der richtigen Form ein. Vielleicht musst du ein wenig probieren, um die richtige Stelle zu finden. Die fett gedruckten Buchstaben in der richtigen Reihenfolge ergeben den Namen einer beliebten französischen Ferienregion.

se r**e**poser ~~s'**a**muser~~ se **pro**mener se baig**n**er se retrou**v**er se **l**eve se **c**ouch**e**r

En été, je pars toujours en vacances avec ma famille. C'est super. Chacun dans la famille a son programme. Moi je dors beaucoup, je ____________ (1) seulement à 10 h le matin. Après le petit déjeuner, je vois mes copains au centre-ville et nous *nous amusons* (2) beaucoup. Mes parents ____________ (3) au bord de la mer. À midi, on ____________ (4) au restaurant pour manger ensemble. Après le repas, mes parents ____________ (5) sur le balcon et ma sœur et moi, nous ____________ (6) dans la mer. Le soir, nous les jeunes, on va dans une discothèque mais mes parents ____________ (7) déjà à 10 heures.

Lösungswort: ☐ *a* ☐☐☐☐☐☐☐☐

3 Beantworte alle Fragen verneint.

1. Est-ce que tu te réveilles à 6 heures ? - Mais non, je ____________ 6 heures.
2. Est-ce que tes parents s'intéressent à ta musique ? - Mais non, ils ____________ à ma musique.
3. Est-ce que Daniel s'amuse bien chez ses grands-parents ? - Mais non, il ____________ du tout chez ses grands-parents.

4 Ergänze jeden Satz mit einem anderen reflexiven Verb.

1. En vacances, je ne m'ennuie jamais, je ☐ ' ☐☐☐☐☐ toujours bien.
2. Le samedi soir je sors avec mes copines et je ☐☐ ☐☐☐☐☐☐ tard.
3. C'est notre prof de maths. Il ☐ ' ☐☐☐☐☐☐☐ M. Bernard.
4. Mes parents ☐☐ ☐☐☐☐☐☐☐☐ tous les dimanches dans la forêt.

Verben mit Veränderungen im Stamm

6

1 Bei einigen regelmäßigen französischen Verben auf -er verändert sich die Schreibweise des Stammes. Ergänze die Verbformen wie im Beispiel.

1. il annonce – nous annon**ç**ons   il commence – nous ______________________

2. il nage – nous nag**e**ons   il mange – nous ______________________

Damit die Aussprache des g als [ʒ] und die des c als [s] erhalten bleibt, fügt man ein e ein bzw. schreibt ein Cédille unter das c.

2 Einige Verben haben zwei Stämme: einen für **Singular** und die **3. Pers. Pl.** und einen anderen Stamm für die **1. und 2. Pers. Pl.** Wo Endungen nicht gesprochen werden (stammbetonte Formen), muss manchmal ein Akzent gesetzt werden, wie bei se lever im Sg. und in der 3. Pers. Pl. oder der Akzent muss geändert werden, wie bei compléter. Vervollständige die Tabelle. Acheter wird wie se lever gebildet und répéter wie compléter.

	se lever	**acheter**	**compléter**	**répéter**
je/ j'	me l**è**ve	______________	compl**è**te	______________
tu	te l**è**ves	______________	compl**è**tes	______________
il/ elle / on	se l**è**ve	______________	compl**è**te	______________
nous	nous levons	______________	complétons	______________
vous	vous levez	______________	complétez	______________
ils/ elles	se l**è**vent	______________	compl**è**tent	______________

Die gleiche Regel gilt für die Verdopplung des **l** bei appeler oder des **t** bei jeter:
jeter – je je**tt**e, tu je**tt**es, il/elle je**tt**e, nous je**t**ons, vous je**t**ez, ils/elles je**tt**ent;
appeler – j'appe**ll**e, tu appe**ll**es, il appe**ll**e, nous appe**l**ons, vous appe**l**ez, ils appe**ll**ent
Auch die Verben auf -(a/o/u)yer unterscheiden zwischen stamm- und endungsbetonte Formen:
s'ennuyer – je m'ennu**i**e, tu t'ennu**i**es, il/elle s'ennu**i**e, nous nous ennu**y**ons,vous vous ennu**y**ez, ils/elles s'ennu**i**ent
envoyer – j'envo**i**e, tu envo**i**es, il envo**i**e, nous envo**y**ons, vous envo**y**ez, ils envo**i**ent

3 Bei vielen Verben auf -ir wird der Stamm im Plural um die Silbe -iss- erweitert. Ergänze auch hier die Verbformen wie im ersten Beispiel.

1. finir – nous fin**iss**ons, vous fin**iss**ez, ils/elles fin**iss**ent

2. réfléchir – nous ______________________, vous ______________________, ils ______________________

Verben mit Veränderungen im Stamm

4 In den folgenden Dialogen sind die Verben durcheinander geschüttelt worden. Stelle wieder die korrekte Form her.

1. Où est-ce que vous ☐☐☐☐☐☐☐ (etezhca) les fruits, Mme Petit ? – Je les ☐☐☐☐☐☐ (èethca) toujours au marché.
2. Tu te ☐☐☐☐☐ (sèevl) à quelle heure ? – J'☐☐☐☐☐☐ (eassei) toujours de me lever à six heures.
3. Avec mon cousin on ne s'☐☐☐☐☐☐ (eiunen) jamais. – Il s'☐☐☐☐☐☐☐ (ellepap) comment, ton cousin ?
4. Quand est-ce que les cours ☐☐☐☐☐☐☐☐☐☐ (tnmecnemoc) au collège ? – Nous ☐☐☐☐☐☐☐☐☐☐ (csnonemmoç) à 8 heures.
5. Vous ☐☐☐☐☐☐ (zenamg) à la cantine à midi ? – Non, nous ☐☐☐☐☐☐☐☐ (snogname) à la maison.
6. Tu ☐☐☐☐☐☐☐ (setéèpr) l'exercice de maths ? – Oui, je le ☐☐☐☐☐☐ (téeèpr) cet après-midi.

5 Ergänze im folgenden Text die fehlenden Buchstaben in den Verben.

Bonjour, je m'appe____e (1) Victor, je suis le chien de Pascal. Tous les jours, Pascal se l____ve (2) à six heures et il me prom____ne (3) dans la forêt. Il emm____ne (4) une petite balle et nous commen____ons (5) à jouer. Pascal je____e (6) la balle et j'essa____e (7) de la trouver. Nous fini____ons (8) notre promenade à sept heures. À la boulangerie, Pascal ach____te (9) une baguette et nous rentrons. Ensuite, nous mang____ons (10) ensemble. Pascal mange sa baguette, mais moi je préf____re (11) ma viande. À huit heures, Pascal va au collège et je reste à la maison.

6 Sieh dir diese Verbformen an und setze die fehlenden Akzente.

1. je complete
2. j'achete
3. il espere
4. nous esperons

1 Ergänze (wenn nötig) die Endungen der folgenden regelmäßigen Verben.

1. je regard ____
2. tu cherch ____
3. il/ elle gagn ____
4. nous montr ____
5. vous arriv ____
6. ils/ elles invit ____
7. je répond ____
8. tu attend ____
9. il/ elle répond ____
10. nous vend ____
11. vous attend ____
12. ils/ elles vend ____
13. je sor ____
14. tu dor ____
15. il/ elle ser ____
16. nous part ____
17. vous sort ____
18. ils/ elles dorm ____

2 Beantworte die folgenden Fragen immer verneint.

1. Tu t'intéresses au foot ? – Non, je *ne m'intéresse pas au foot.*
2. Tu te lèves à 7 heures ? – Non, je ____________________.
3. Il s'occupe de son petit frère ? – Non, il ____________________.
4. Ils se rencontrent au parc ? – Non, ils ____________________.
5. Tu t'appelles Bruno ? – Non, je ____________________.

3 Ergänze die Verben an der richtigen Stelle und in der richtigen Form.

rentrer entrer se rencontrer s'intéresser
payer chercher regarder appeler
acheter sortir trouver s'occuper

Annette ____________ (1) un pull. Alors elle ____________ (2) devant le magasin Printemps avec sa copine Stéphanie. Les filles ____________ (3) d'abord les vitrines : « Comment est-ce que tu ____________ (4) ce pull-là ? » « Il n'est pas mal. » Alors les filles ____________ (5) dans le magasin. Annette regarde les pulls et Stéphanie ____________ (6) aux jeans. Une vendeuse ____________ (7) de Stéphanie et lui montre plusieurs jeans, mais les jeans sont trop chers. En ce moment, Annette ____________ (8) Stéphanie. « Regarde ce pull. Il est super. Je l' ____________ (9). » Les filles vont à la caisse et Annette ____________ (10). Ensuite elles ____________ (11) du magasin et ____________ (12) à la maison.

Test 2

4 Schreibe die gesuchten Verbformen in das Rätsel. Achte dabei auch auf die nötigen accents.

Senkrecht:

1 je – répéter
3 tu t' – s'intéresser
5 vous – écouter
7 ils – réfléchir
9 il – acheter
11 tu te – promener

Waagerecht:

2 nous – répéter
4 il se – lever
6 nous – acheter
8 ils – compléter
10 nous – commencer
12 j' – espérer

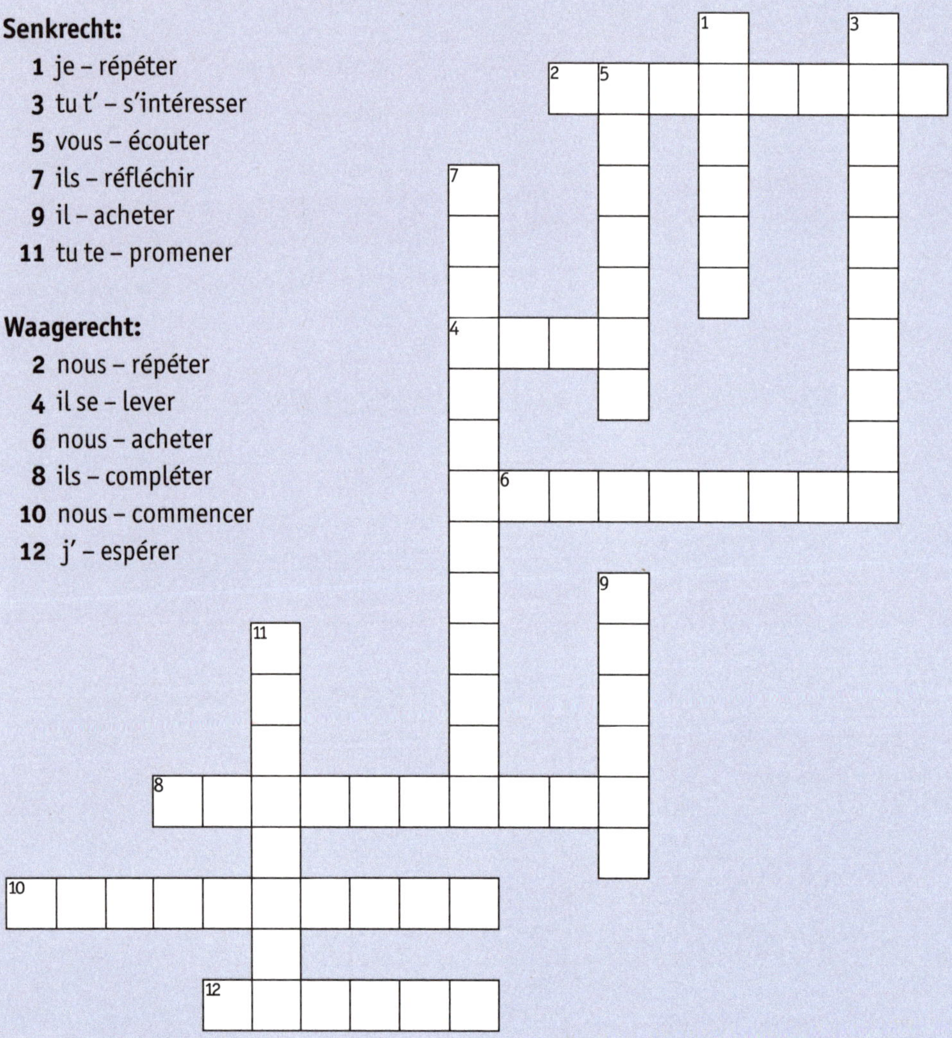

Avoir, être, aller, faire

7

1 Lies den folgenden Text über Pascal und seine Familie. Wie alt sind Pascal und seine Eltern? Die Summe ihres Alters ergibt genau 100!

> Bonjour, je suis Pascal. Dans ma famille, nous sommes six personnes, deux filles, deux garçons et les parents. Mon frère est le plus jeune, il a 3 ans. Mes sœurs sont plus âgées que moi, elles ont 16 et 18 ans. Si j'additionne leurs âges, mes parents ont 87 ans, et mon père a 3 ans de plus que ma mère. Tous les six, nous avons 137 ans.

Calcule et devine (*Rechne und rate*) :

1. Mon père a
   - a. 43 ans.
   - b. 45 ans.
   - c. 47 ans.

2. Ma mère a
   - a. 39 ans.
   - b. 42 ans.
   - c. 43 ans.

3. Et moi, j'ai
   - a. 13 ans.
   - b. 14 ans.
   - c. 15 ans.

2 Setze nun die Formen von avoir und être, die du oben im Rätsel findest, in die Tabelle ein.

	avoir	être
je/ j'	______	______
tu	as	______
il/ elle/ on	______	est
nous	______	______
vous	avez	êtes
ils/ elles	______	______

TIPP: Die Verben avoir und être sind die wichtigsten unregelmäßigen Verben. Deshalb musst du sie immer wieder üben, bis du sie wirklich perfekt beherrschst.

3 Die Verben aller und faire sind ebenfalls unregelmäßig, einige Formen sind auch leicht zu verwechseln. Sortiere die folgenden Verbformen ebenfalls richtig in die Tabelle ein.

	aller	faire
je/ j'	______	fais
tu	______	______
il/ elle/ on	______	______
nous	allons	______
vous	______	______
ils/ elles	______	______

fait
vas faites
vais fais vont font
va faisons allez

Avoir, être, aller, faire

4 Avoir, être oder aller? Ergänze die Sätze mit ont (4x), sont (2x) oder vont (1x).

Paul et Régis ____________ (1) deux copains. Ils ____________ (2) 14 ans et le mercredi ils ____________ (3) au club de foot tous les deux. Dimanche, ils ____________ (4) un match à Strasbourg. Pour lundi, ils ____________ (5) encore des devoirs de maths. En maths, ils ____________ (6) vraiment nuls, mais en sport, ils ____________ (7) des super notes.

5 Zerteile die Wortschlange, fülle damit die Lücken im folgenden Dialog und schreibe die Infinitive der eingesetzten Verben in die Klammer hinter den Sätzen.

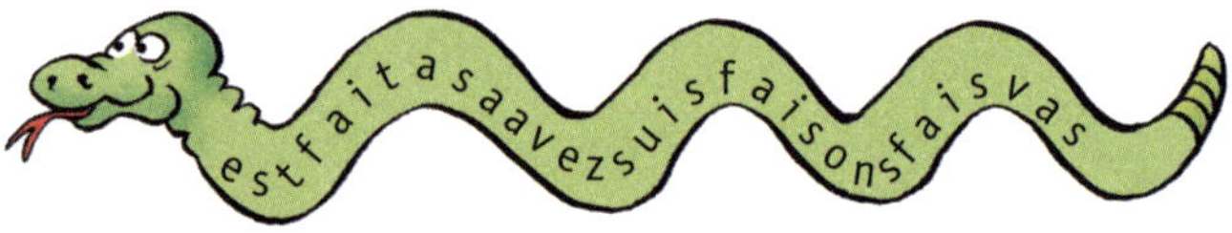

Céline : Allô ?

1. **Bruno** : Salut, c'____________ Bruno. Qu'est-ce qu'on ____________ samedi ?
   (____________ – ____________)
2. **Céline** : Tu ____________ déjà une idée ? (____________)
3. **Bruno** : Il y ____________ un match de basket au gymnase. (____________)
4. **Bruno** : Vous ____________ une interro lundi ? (____________)
5. **Céline** : Oui, et je ne ____________ pas très bonne en allemand. (____________)
6. **Bruno** : Alors, qu'est-ce que nous ____________ ? (____________)
7. **Céline** : Moi, je ____________ mes devoirs et toi, tu ____________ au match de basket.
   (____________ - ____________)

6 Ergänze in den Fragen die richtige Form von avoir, être, aller oder faire. Verbinde dann die Frage mit der passenden Antwort.

1. Tu ________ quel âge ?
2. Tu ________ de Stuttgart ?
3. Et ta copine, elle ________ quel âge ?
4. Elle ________ aussi de Stuttgart ?
5. Vous ________ à l'hôtel « National » ?
6. Qu'est-ce que vous ________ cet après-midi ?

a. Oui, je suis de Stuttgart.
b. Elle a aussi 13 ans.
c. Non, nous sommes au terrain de camping.
d. J'ai 13 ans.
e. Nous ne savons pas encore.
f. Non, elle est de Berlin.

Modalverben: *pouvoir, vouloir, devoir, préférer*

8

1 Modalverben stehen vor dem Infinitiv eines weiteren Verbs. Sie erklären, ob jemand etwas tun will, kann, mag, muss oder darf. Lies die folgende Mail von Martine und unterstreiche die Modalverben.

Salut

Salut Karine,
Encore une journée à l'école et puis une semaine de vacances en Bretagne avec toi et ta famille ! Mais je dois d'abord faire mes exercices de maths. Notre prof (il est terrible !) veut absolument écrire un test demain. Comme mes parents veulent partir demain tout de suite après l'école, il faut encore faire les valises ce soir. Quelle horreur ! Je préfère commencer les vacances sans stress. Mais mon père n'aime pas voyager le samedi.
Je vais emporter mon nouveau VTT, comme ça nous pouvons faire une excursion à Carnac. À propos, mon frère ne peut pas venir avec nous parce qu'il doit travailler la semaine prochaine.
À samedi donc, grosses bises Martine

Leider haben viele Modalverben eine unregelmäßige Konjugation.
Ergänze nun die Tabelle mit den unterstrichenen Verbformen aus Martines E-Mail.

	pouvoir	**vouloir**	**devoir**	**préférer**
je/ j'	peux	veux	____________	____________
tu	peux	veux	dois	préfères
il/ elle/ on	____________	____________	____________	préfère
nous	____________	voulons	devons	préférons
vous	pouvez	voulez	devez	préférez
ils/ elles	peuvent	____________	doivent	préfèrent

Aimer ist ein regelmäßiges Verb auf -er mit den Endungen: -e, -es, -e, -ons, -ez, -ent.
Der Ausdruck il faut (Infinitiv: falloir) existiert nur in dieser einen Form.
Il faut bedeutet *man muss/ wir müssen* aber il ne faut pas bedeutet *man darf nicht*!
Die Verneinung umschließt das Modalverb: Mon père **ne veut pas** voyager le samedi.

TIPP

Mit der Veränderung des accent ändert sich beim Verb préférer auch die Aussprache je préf**è**re [ɛ] – vous préf**é**rez [e]

Modalverben: *pouvoir, vouloir, devoir, préférer*

2 Hier findest du Modalverben, die durcheinander geschüttelt wurden. Kannst du sie wieder herstellen? Achtung: es sind unterschiedliche Verben in den Spalten!

je/ j'	(osid) ____________	(xeup) ____________	(xuev) ____________
tu	(soid) ____________	(xupe) ____________	(vxue) ____________
il/ elle / on	(tevu) ____________	(teup) ____________	(otid) ____________
nous	(souvoul) ____________	(seovdn) ____________	(nvoosup) ____________
vous	(eedvz) ____________	(zvopue) ____________	(zevuol) ____________
ils/ elles	(onvtdei) ____________	(vleeunt) ____________	(nevupte) ____________

3 Ergänze nun die richtige Form von pouvoir, vouloir oder devoir.

1. Martine ____________ (devoir) faire des exercices de maths, parce que son prof ____________ (vouloir) écrire un test demain.
2. La mère de Martine : « Martine, nous ____________ (devoir) faire les valises ce soir, parce que papa ____________ (vouloir) partir demain après l'école. »
3. Ils ____________ (devoir) partir vendredi après l'école, parce que le père de Martine ne ____________ (vouloir) pas voyager le samedi.
4. Karine ____________ (devoir) réparer son VTT, parce que les filles ____________ (vouloir) faire une excursion à Carnac.
5. Le frère de Martine ne ____________ (pouvoir) pas partir en vacances, parce qu'il ____________ (devoir) travailler la semaine prochaine.

4 Ergänze am richtigen Ort die richtige Form von devoir (2x), vouloir (3x) und pouvoir (2x).

● Martine, tu ____________ (1) aller au cinéma avec moi ce soir ?

● Non, je ne ____________ (2) pas aller au cinéma, je ____________ (3) préparer un test de maths. Et après, ma mère et moi, nous ____________ (4) faire les valises. Nous ____________ (5) partir en vacances demain après l'école. Mais mon frère ne ____________ (6) pas partir avec nous. Il ____________ (7) peut-être aller au cinéma avec toi !?

Unregelmäßige Verben I

1 Unterstreiche in den Sprechblasen die Formen des Verbs prendre.

Trage nun die Formen von prendre aus dem Dialog in die Lücken ein. Es fehlt noch die 3. Person Plural. Kannst du sie in diesem Buchstabensalat erkennen **tnennerp**?

prendre: je ______________, tu ______________, il/ elle ______________,

nous ______________, vous ______________, ils/ elles ☐☐☐☐☐☐☐☐

Alle Ableitungen von prendre werden genauso konjugiert, z.B. apprendre – *lernen*, comprendre – *verstehen*, surprendre – *überraschen*.

2 Hier lernst du noch vier weitere unregelmäßige Verben kennen, die du immer parat haben musst. Suche die fehlenden Formen im Kasten und trage sie in die Tabelle ein.

y	é	c	r	i	v	e	z	q	j	d
m	f	l	i	s	o	n	s	z	d	a
é	c	r	i	v	e	n	t	i	o	x
n	k	m	e	t	t	o	n	s	w	v
r	s	d	i	s	e	n	t	z	i	m
d	i	s	k	s	e	d	i	t	e	s
k	m	e	t	o	é	c	r	i	s	v
o	l	n	l	i	t	f	q	m	r	x
j	m	e	t	t	e	n	t	h	h	d
n	f	p	j	w	m	e	r	t	p	u
e	v	d	i	t	f	y	b	b	u	j

TIPP: Die meisten unregelmäßigen Verben enden im Singular mit -s, -s, -t, z.B. je di**s**, tu di**s**, il/ elle di**t**.

	mettre	**dire**	**lire**	**écrire**
je/ j'	mets	______________	lis	écris
tu	mets	dis	lis	______________
il/ elle/ on	______________	______________	______________	écrit
nous	______________	disons	______________	écrivons
vous	mettez	______________	lisez	______________
ils/ elles	______________	______________	lisent	______________

Unregelmäßige Verben I

3 Ergänze mit der richtigen Form des angegebenen Verbs auf Französisch.

Mme Colinet ______________ (1 *nehmen*) le petit déjeuner à 7 heures. Puis, elle ______________ (2 *anziehen*) son manteau et va au travail.

Quand elle arrive au bureau, son patron ______________ (3 *sagen*) : « Il faut tout de suite ______________ (4 *schreiben*) la lettre à M. Duval. »

Mme Colinet se ______________ (5 *setzen*) devant l'ordinateur et ______________ (6 *schreiben*) la lettre. Ensuite, elle ______________ (7 *lesen*) les e-mails qui sont arrivés hier soir.

4 Setze die fehlenden Verben in das Rätsel ein.

Senkrecht:

1. Il fait froid dehors, je ... un pull.
3. Demain, nous ... un test de maths.
5. Éric ne ... pas ses devoirs de maths.
7. En français, nous ... des fables de La Fontaine.
9. Mon père ... beaucoup de sucre dans son café.

Waagerecht:

2. Martine ... beaucoup d'e-mails.
4. Le prof ...: « Faites l'exercice pour demain. »
6. Pour monter sur la tour Eiffel, nous ... l'ascenseur.
8. Tous les touristes ... des photos de la tour Eiffel.

Unregelmäßige Verben II

1 Kombiniere die Satzpaare richtig. Wenn du die Sätze richtig zugeordnet hast, ergeben die Buchstaben, die in Klammern stehen, als Lösungswort die Form eines weiteren Verbs.

1. Il fait chaud ici.
2. Samedi, c'est l'anniversaire de Thomas.
3. J'ai soif.
4. Tu es souvent avec tes copains ?
5. Le magasin est encore fermé.
6. Vous venez à quelle heure ?
7. Tu vois la fille là-bas ?
8. Tu viens d'où ?

a. Qu'est-ce qu'on lui offre ? (i)
b. Je bois un coca. (e)
c. Je viens de Toulouse. (t)
d. J'ouvre la fenêtre. (t)
e. Mais il ouvre à 14 heures. (n)
f. Oui, je la connais, c'est la copine de Paul. (n)
g. Oui, je les vois tous les samedis. (n)
h. Nous revenons à six heures. (e)

Lösungswort: ils/ elles t _ _ _ _ _ _ _

2 Viele unregelmäßige Verben sind in ihrer Konjugation ziemlich ähnlich. Konjugiere das Verb genauso wie das vorgegebene.

1. venir: je viens, tu viens, il/ elle vient, nous venons, vous venez, ils viennent

   tenir: je ________, tu ________, il/ elle ________,
   nous ________, vous ________, ils ________

2. ouvrir: j'ouvre, tu ouvres, il/ elle ouvre, nous ouvrons, vous ouvrez, ils ouvrent

   offrir: j'________, tu ________, il/ elle ________,
   nous ________, vous ________, ils ________

3 Ergänze nun die Tabelle mit den Verbformen aus den Sätzen in Übung 1. Die restlichen Formen findest du hier rückwärts geschrieben.

siob tiob snovub siov tiov zeyov siannoc snossiannoc zessiannoc

	boire	voir	connaître
je/ j'	________	vois	________
tu	________	________	________
il/ elle/ on	________	________	connaît
nous	________	voyons	________
vous	buvez	________	________
ils/elles	boivent	voient	connaissent

Unregelmäßige Verben II

4 Ergänze jeden Dialog mit einer Form von boire, connaître, offrir oder venir.

1. ● Moi, je ______ de Stuttgart, et vous, d'où est-ce que vous ______ ?
   ● Nous ______ de Paris, et notre cousin ______ de Tours.
2. ● Nous ne ______ personne ici. Et toi, tu ______ quelqu'un ?
   ● Je ______ la fille avec le pull bleu, elle s'appelle Léa.
3. ● J'ai soif, je ______ un coca. Vous voulez aussi ______ quelque chose ?
   ● Nous ______ un café.
4. ● Qu'est-ce que vous ______ à Paul pour son anniversaire ?
   ● Moi, je lui ______ un CD, et les autres lui ______ une guitare.

5 Welches Verb steckt in den folgenden Substantiven? Schreib erst den Infinitiv in die Lücke und dann die konjugierte Form.

1. la boisson : ______ – nous ______
2. une offre : ______ – il ______
3. la connaissance : ______ – ils ______
4. une ouverture : ______ – tu ______

6 Ergänze die Sätze mit den folgenden Verbformen.

regarde vois regarde voit regarde vois voir

1. Chaque dimanche, nous allons ______ mes grands-parents. Mon grand-père ne ______ plus très bien, mais il ______ la télé tous les soirs.
2. Tu ______ la fille qui ______ les jeans dans la boutique ? C'est ma sœur.
3. Maman, je cherche mes baskets ? Mais ______ donc dans ta chambre ! Ah oui, je les ______ , elles sont sous le lit.

Test 3

1 Ordne die folgenden Verbformen dem richtigen Infinitiv zu.

vas sommes font vont es avons sont fais ont allons faisons as

	avoir	être	faire	aller
ils	___	___	___	___
tu	___	___	___	___
nous	___	___	___	___

2 Rekonstruiere die Formen der Modalverben pouvoir, vouloir, devoir und préférer und setze das passende Personalpronomen davor. Manchmal können mehrer Pronomen richtig sein.

1. (novopus) ___ ___
2. (vnoetdi) ___ ___
3. (enlvuet) ___ ___
4. (rnfréésop) ___ ___
5. (etuv) ___ ___
6. (osid) ___ ___
7. (xeup) ___ ___
8. (eedzv) ___ ___
9. (fsrrpeéè) ___ ___
10. (olnsvou) ___ ___

3 Ergänze die fehlenden Verbformen.

Infinitiv:	prendre	___	___
je/ j'	___	lis	___
il/ elle	___	___	dit
vous	___	___	___
ils/ elles	___	___	___

Infinitiv:	___	___
je/ j'	___	___
il/ elle	___	___
vous	mettez	___
ils/ elles	___	écrivent

Test 3

4 Ergänze in den Dialogen die passende Form von lire, prendre und offrir.

1. ○ Bonjour Monsieur, qu'est-ce que vous ________________ ?
   ● Je ________________ un café.
2. ○ Qu'est-ce qu'on ________________ à Pascal pour son anniversaire ?
   ● Moi, je lui ________________ un CD et les autres lui ________________ un voyage.
3. ○ Qu'est-ce que vous ________________ en français ?
   ● Nous ________________ une BD d'Astérix.

5 Ergänze den folgenden Text mit den passenden Verbformen. Manchmal hilft dir bereits der Anfangsbuchstabe.

avoir être avoir vouloir apprendre faire avoir pouvoir prendre connaître

Cette semaine, Birgit ______________ (1) un voyage à Tours avec sa classe. La correspondante de Birgit s'appelle Léa. Birgit a______________ (2) le français depuis deux ans et elle ______________ (3) encore quelques problèmes.

Le matin à 7 heures, Léa et Birgit p______________ (4) le bus et vont au collège. Les élèves en France o ______________ (5) cours le matin et l'après-midi. À midi, Birgit p______________ (6) manger à la cantine avec Léa.

La famille de Léa e______________ (7) très sympa. Léa ______________ (8) deux frères. Le week-end, les parents de Léa v______________ (9) faire une excursion au bord de la mer avec Birgit parce qu'elle ne c______________ (10) pas encore l'Atlantique.

6 Offrir oder ouvrir? Setze die passende Forme ein.

1. En France, beaucoup de magasins ________________ aussi le dimanche.
2. Qu'est-ce que nous ________________ à Pascal pour son anniversaire ?
3. La Bretagne ________________ beaucoup d'attractions aux touristes.
4. Il fait chaud, j'________________ la fenêtre.

Infinitivkonstruktionen ohne Präposition

11

1 Projets pour l'échange scolaire. Pläne mit dem Austauschpartner.
Lies den Dialog. Was **werden** die Schüler mit ihren Austauschpartner **machen**?

Luc : Bientôt, les correspondants de Stuttgart vont venir à Tours. Mais qu'est-ce qu'on va faire avec eux pendant une semaine ?
Carole : Je veux aller à la nouvelle piscine avec ma corres.
Pierre : Nous préférons faire une excursion au bord de la mer.
Marc : Nous pouvons aussi visiter quelques châteaux.
Carole : Le prof d'allemand va préparer un rallye à Tours.
Marc : Et toi, Pascal, qu'est-ce que tu veux faire avec ton correspondant ?

Das **Futur composé** besteht aus dem Verb **aller** (Kap. 7) in konjugierter Form und einem **Infinitiv**. Unterstreiche im obigen Text alle drei Formen des Futur composé.

Im Kap. 8 hast du die Modalverben vouloir, pouvoir, devoir, préférer und den unveränderlichen Ausdruck il faut kennen gelernt. Auch ihnen folgt immer ein Infinitiv, ebenso wie auf savoir.
Pierre **doit** faire ses devoirs. **Il faut** aller à l'école. Marie **sait** jouer du piano.

In verneinten Sätzen umschließt ne...pas das konjugierte Verb, also das Modalverb oder das Verb aller im Futur composé.
Vous **allez** faire l'excursion au bord de la mer ? Nous **n'allons pas** faire l'excursion.
Marie **veut** faire du sport ? Non, elle **ne veut pas** faire du sport.

Bei reflexiven Verben bleibt das Reflexivpronomen direkt vor dem Verb:
Je **vais** m'occuper de la fête.

Auch nach Verben des Wünschens (aimer, adorer, aimer mieux, espérer) und nach unpersönlichen Ausdrücken (il faut, il vaut mieux) steht ein Infinitiv:
Pierre **n'aime pas faire** ses devoirs. Il **aime mieux jouer** au foot. Mais **il faut faire** les devoirs.

Merke dir in diesem Zusammenhang: aller voir qn – *jdn. besuchen*
aber visiter qc – *etw. besichtigen*.

Infinitivkonstruktionen ohne Präposition

2 Verneine die folgenden Sätze.

1. J'aime jouer au foot. – ____________
2. Tu vas faire tes devoirs. – ____________
3. Nous allons partir en vacances. – ____________
4. Il faut faire les courses. – ____________

3 Setze die Verbformen in Klammern im folgenden Text ins Futur composé.

Les copains de Didier ________ ________ (1 préparent) une fête pour son anniversaire. Julien ________ ________ (2 achète) du coca et Léa et Martine ________ ________ (3 apportent) des CD.

Julien : Et qui ________ ________ (4 prépare) la salle au club de tennis ?

Marc : Je ________ ________ (5 m'occupe) de la salle.

Léa : Corinne et moi, nous ________ ________ (6 faisons) des crêpes.

Martine : Julien, tu ________ ________ (7 achètes) aussi de la limonade ?

Julien : Oui, demain je ________ ________ (8 vais) au supermarché avec mon frère.

Léa : On ________ ________ (9 prépare) une super fête pour Didier !

4 Ordne den Fragen die passende Antwort rechts zu. Vervollständige die Antwort mit dem angegebenen Hilfsverb.

1. Pourquoi est-ce que tu vas au supermarché ?
2. Vous réparez la voiture maintenant ?
3. On va au restaurant ce soir ?
4. On joue au foot cet après-midi ?
5. Pourquoi est-ce que Pierre n'est pas là ?

a. Non, cet après-midi je ____________ (*müssen*) faire mes devoirs.

b. Il ne ____________ (*können*) pas venir parce qu'il est malade.

c. Je ____________ (*müssen*) encore acheter du coca.

d. Non, nous ____________ (*wollen*) la réparer demain.

e. Non, je ____________ (*bevorzugen*) manger à la maison

Infinitivkonstruktionen mit Präposition

12

1 Bei einigen Verben und Ausdrücken schließt sich der Infinitiv mit der Präposition à oder de an. Ordne den folgenden Ausdrücken ihre deutsche Übersetzung zu.

A. Verben mit à + Infinitiv

1. aider à	a. anfangen
2. inviter à	b. einladen/ auffordern zu
3. apprendre à	c. helfen bei
4. chercher/ essayer à	d. lernen
5. commencer à	e. (ver)suchen
6. arriver à	f. gelingen
7. s'amuser à	g. Vergnügen finden an

B. Verben mit de + Infinitiv

1. finir de	a. vorschlagen
2. essayer de	b. im Begriff/ gerade dabei sein
3. offrir de	c. vergessen
4. demander de	d. bitten
5. oublier de	e. versuchen
6. proposer de	f. aufhören
7. être facile/ difficile/ content/ sûr/ possible de	g. anbieten
8. être en train de	h. Angst/ Lust/ Zeit haben
9. avoir peur/ envie/ le temps de	i. leicht/schwierig/zufrieden/sicher/ möglich sein

2 Unterstreiche in den folgenden Minidialogen die Ausdrücke mit nachfolgendem Infinitiv.

1. On s'amuse à jouer de la guitare ? – Non, je n'ai pas envie de jouer de la guitare aujourd'hui.
2. Vous m'aidez à préparer le repas ? – Nous n'avons pas le temps de le préparer maintenant.
3. Tu as appris à jouer du piano ? – Oui, j'arrive déjà à jouer très bien.
4. J'ai oublié de faire mes devoirs. – Mais je peux t'aider à les faire maintenant.

Achte auf die besondere Bedeutung von venir de faire quelque chose – *gerade etwas getan haben*. Man nennt diese Form Passé proche (nahe Vergangenheit). Außerdem bedeutet être en train de faire qc – *gerade etwas tun, gerade dabei sein etwas zu tun*.

Infinitivkonstruktionen mit Präposition

3 Ergänze die Ferienplanung von Julie und ihren Freundinnen mit folgenden Ausdrücken.

être difficile de — proposer de — avoir envie de — demander de — être en train de — proposer de

Julie ______________ (1) passer ses vacances avec ses copines. Elle ______________ (2) aller en Bretagne pour deux semaines. Mais en août, il ______________ (3) trouver une place dans une auberge de jeunesse. Carole ______________ (4) faire du camping. Alors, les filles écrivent aux Maisons de Tourisme et ______________ (5) leur envoyer des prospectus. Deux semaines plus tard, elles ______________ (6) faire les valises...

4 Finde zum Satzanfang links das richtige Satzende rechts und verbinde die Sätze.

1. Demain, nous allons au café. Mon copain m'a invité à
2. Mon frère aime le sport. Chaque dimanche, il s'amuse à
3. J'ai eu une mauvaise note, parce que j'ai oublié de
4. Mon petit frère est à l'école maintenant. Il commence à

a. faire mes devoirs.
b. jouer au foot.
c. lire et écrire.
d. boire quelque chose.

5 Trage die fehlenden Wörter in das Rätsel ein. Der erste Buchstabe hilft dir.

1. Mon copain est bon en maths. Pour lui c'est f... de faire les devoirs.
2. Nous n'a... pas à faire nos devoirs de maths.
3. À l'école primaire, les enfants a... à lire et á écrire.
4. Je n'ai pas le t... d'aller au cinéma aujourd'hui.
5. Mon père m'a... à réparer mon vélo.
6. Mes copains o... de m'expliquer les devoirs en anglais.
7. Mes parents p... de passer le week-end en Bretagne.

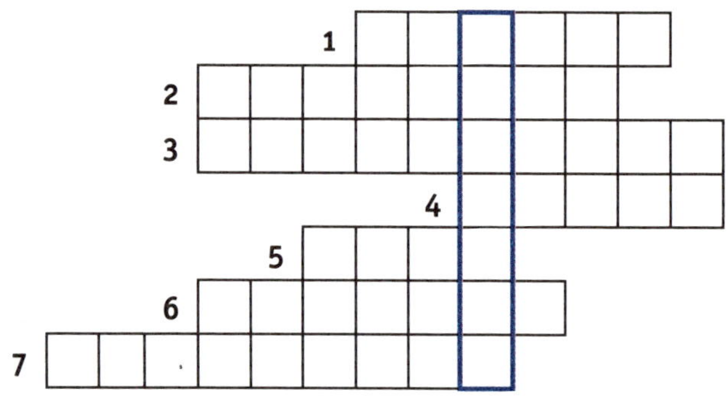

Senkrechtes Lösungswort:
Je suis ... de partir en Bretagne le week-end.

1 Ergänze in den folgenden Sätzen die Präposition à oder de oder lass die Lücke frei (3x), wenn keine Präposition stehen muss.

M. Vernet a invité ses amis ____ (1) venir pour son anniversaire. Mais beaucoup de ses amis n'ont pas le temps ____ (2) venir chez lui. Voilà les e-mails qu'ils viennent ____ (3) écrire :

ton anniversaire

Cher ami,
le week-end de ton anniversaire je dois ____ (4) m'occuper d'un client. Il m'a demandé ____ (5) lui montrer la ville.

Mais je vais ____ (6) essayer ____ (7) passer chez toi dimanche après-midi.

ton anniversaire

Cher Claude,
il est difficile pour moi ____ (8) venir pour ton anniversaire. Je dois ____ (9) aider mon père ____ (10) rénover sa maison.

Mais peut-être j'arrive ____ (11) venir dimanche soir.

ton anniversaire

Salut Claude,
je te remercie pour ton invitation, mais il m'est impossible ____ (12) venir dimanche. Je suis en train ____ (13) préparer un voyage aux Etats-Unis où je commence ____ (14) travailler le mois prochain. Mais j'ai envie ____ (15) venir te voir la semaine prochaine.

2 Setze die Präsensformen in Klammern ins Futur composé.

Salut Karine,

ça va ? Moi, je ____ ____ (1 pars) en vacances la semaine prochaine. D'abord, mes parents et moi, nous ____ ____ (2 passons) quinze jours chez mes grands-parents en Bretagne. Je ____ ____ (3 me baigne) dans l'Atlantique. Avec grand-père, on ____ ____ (4 va) à la pêche et avec mon cousin je ____ ____ (5 fais) de la planche à voile. Le 3 août, on ____ ____ (6 part) dans le Midi. Moi, je ____ ____ (7 vais) dans une colonie de vacances avec deux copines et mes parents ____ ____ (8 restent) chez ma tante. Et toi, qu'est-ce que tu ____ ____ (9 fais) pendant les vacances ?

Je t'embrasse.

Monique

Test 4

3 Beantworte die folgenden Fragen immer im futur composé und in verneinter Form.

1. Tu pars en Bretagne ? *Non, je ne vais pas partir en Bretagne.*
2. Vous jouez au tennis ? Non, nous ______
3. Tes parents restent à la maison ? Non, ils ______
4. Ton copain vient à Paris ? Non, ______
5. Vous faites de la planche à voile ? Non, ______
6. Tu prends le vélo ? Non, ______

4 Bringe die Satzglieder in die richtige Reihenfolge.

1. d'aller | au | a | envie | Pierre | cinéma | . |

______

2. Il | de | venir | Claude | propose | lui | à | avec | . |

______

3. peut | venir | Mais | ne | pas | Claude | . |

______

4. faire | devoirs | Il | ses | doit | . |

______

5 Setze die Ausdrücke in der richtigen Form in das Gespräch ein.

avoir envie de — aller — pouvoir — devoir — aider à — pouvoir

1. **Pascal :** Qu'est-ce qu'on ______ faire ce week-end ?
2. **David :** J' ______ faire une excursion en Alsace…
3. **Pascal :** Moi, je ne ______ pas partir ce week-end.
   Je ______ préparer un test pour lundi.
4. **David :** Mais je t'______ préparer le test.
5. **Pascal :** C'est super, comme ça je ______ venir avec vous.

Passé composé **mit** *avoir*

1 Suche im Text die Formen des Passé composé und schreib Sie unten auf die Linien.

- Qu'est-ce que tu as fait le week-end dernier ?
- J'ai invité mes copains. Nous avons dormi sous la tente dans le jardin. Samedi soir, nous avons été au cinéma. Dimanche, mon cousin Frédéric a téléphoné. Il a dit : « Vous avez déjà joué aux boules ? » Alors, après le petit déjeuner, nous avons pris les boules. Frédéric et son frère ont déjà attendu au square. On a joué deux heures, et Frédéric et son frère ont toujours gagné.

1. je/ j' ____________
2. tu ____________
3. il/ elle/ on ____________ ____________ ____________
4. nous ____________ ____________
5. vous ____________
6. ils/ elles ____________ ____________

Die meisten Verben bilden das Passé composé mit:
der konjugierten Form von avoir + dem Participe passé des Verbs

Das Participe passé (Partizip Perfekt) wird bei den regelmäßigen Verben wie folgt gebildet:
Verben auf -er: an den Stamm des Verbs wird ein -é angehängt, regarder > j'ai **regardé**
Verben auf -dre: an das -d- des Stamms wird ein -u angehängt, vendre > j'ai **vendu**
Verben auf -ir: an den Stamm des Verbs wird ein -i angehängt, dormir > j'ai **dormi**
Bei der Verneinung umschließt ne ... pas das Hilfsverb avoir: Pascal n'a pas téléphoné.

2 Es gibt jedoch viele Verben, die unregelmäßige Formen des Participe passé haben. Ordne die folgenden Partizipformen den richtigen Infinitiven zu.

eu été fait pris lu mis ouvert bu dit

1. faire: ____________	4. boire: ____________	7. prendre: ____________
2. avoir: ____________	5. lire: ____________	8. ouvrir: ____________
3. être: ____________	6. mettre: ____________	9. dire: ____________

Das Verb être bildet das Passé composé auch mit avoir: j'**ai** été - *ich **bin** gewesen*.

Passé composé **mit** *avoir*

3 Setze die Verben im folgenden Text ins Passé composé.

Mon dimanche

J'__________ (1 dormir) jusqu'à 9 heures. Puis j'__________ (2 prendre) le petit déjeuner avec mes parents. Mes parents __________ (3 travailler) au restaurant. Alors, j'__________ (4 prendre) le vélo et j'__________ (5 faire) un tour. Pour midi, mon frère et moi, nous __________ (6 inviter) des amis. Nous __________ (7 faire) des crêpes ensemble. L'après-midi, nous __________ (8 jouer) aux cartes et mon frère __________ (9 perdre) tout le temps.

Et toi, qu'est-ce que tu __________ (10 faire) dimanche ?

4 Beantworte die Fragen wie im Beispiel, indem du das Passé composé verwendest.

1. Tu téléphones à Michel? – *J'ai déjà téléphoné à Michel.*
2. Tu fais les devoirs ? – J'__________ les devoirs.
3. Vous préparez le repas ? – Nous __________ le repas.
4. Pascal passe l'aspirateur ? – Il __________ l'aspirateur.
5. Les enfants jouent au foot ? – Ils __________ au foot.
6. Tu mets les chaussures ? – J'__________ les chaussures.

5 Michel musste gestern zu Hause bleiben, weil er krank war. Setze das passende Verb im Passé composé in die Sätze ein.

donner – travailler – téléphoner – avoir – dormir – finir – ne pas comprendre

Le matin, il __________ (1) un peu pour l'école. Mais il __________ (2) les problèmes de maths. Alors, il __________ (3) à Christian. Puis, il __________ (4) ses devoirs. Le soir, il __________ (5) mal à la tête. Sa mère lui __________ (6) un médicament et Michel __________ (7) toute la nuit.

Passé composé **mit** *être*

Eine kleine Gruppe von Verben bildet das Passé composé mit être. Die meisten dieser Verben geben eine Bewegungsrichtung an, sieh dir die Zeichnung an.

Bei den Verben, die das Passé composé mit être bilden, richtet sich das Participe passé in Geschlecht und Zahl nach dem Subjekt: il est allé – elle est allé**e** – ils sont allé**s** – elles sont allé**es**
Paul est venu.
Brigitte est venu**e**.
Paul et Brigitte sont venu**s**.
Brigitte et Léa son venu**es**.

Reflexive Verben bilden auch alle das Passé composé mit être. Daher richtet sich das Participe passé auch nach dem Subjekt: elle s'est amusé**e** – nous nous sommes promené(**e**)**s** – ils ne se sont pas réveillé**s**.

1 Achte auf die Partizipendung, dann weißt du, wer hier spricht. Kreuze an: **g** für un garçon, **g et f/2g** für deux garçons ou un garçon et une fille, **f** für une fille oder **2f** für deux filles.

	g	g et f/ 2g	f	2f
1. Je suis allée au stade hier soir.				
2. Je suis resté au lit toute la journée.				
3. Nous sommes arrivées au collège à 14 heures.				
4. On est rentrées à 17 heures.				
5. Je suis sortie avec ma copine.				
6. Nous nous sommes retrouvés devant le musée.				

Passé composé **mit** *être*

2 Gleiche bei den folgenden Verben das Participe passé an das Subjekt an.

1. Elle est parti______ .
2. Elles se sont disputé______ .
3. Karine et Martine sont descendu______ .
4. Ils sont retourné______ .
5. Elle s'est levé______ .
6. Les garçons sont arrivé______ .
7. Martine écrit : Je suis tombé______ .
8. Elles disent : Nous nous sommes réveillé______ .

3 Verbinde die Satzteile richtig miteinander.

1. La mère de Caroline
2. Florian
3. Les filles
4. Caroline et Pascal
5. Nous

a. est resté à la maison.
b. sont rentrés de la colonie de vacances.
c. sommes sortis avec nos copains.
d. sont arrivées au cinéma à 20 heures.
e. est allée au supermarché.

4 Setze die in Klammern angegebenen Verben ins Passé composé.

Chère maman,

je ______________________ (1 arriver) à Paris avec ma classe.
D'abord, nous ______________________ (2 aller) à l'hôtel. Le soir,
nous ______________________ (3 se retrouver) au Quartier Latin.
Nous ______________________ (4 monter) le Boulevard St. Michel.
À 22 heures, nous ______________________ (5 retourner) à l'hôtel.
Le lendemain, je ______________________ (6 se lever) très tôt et
je ______________________ (7 aller) au marché du quartier. À 10
heures, nous ______________________ (8 partir) en métro pour
visiter la tour Eiffel. Toute la classe ______________________
(9 monter) bien sûr. On peut voir tout Paris.

À bientôt, Pierre

1 Ergänze die vier Formen des Participe passé im richtigen Satz.

restées venue arrivé descendus

1. Pascal est ______________ à 4 heures.
2. Sa sœur est ______________ à 6 heures.
3. Ils sont ______________ dans la cave.
4. Les filles sont ______________ jusqu'à 9 heures.

2 Ergänze das Verb se lever im Passé composé.

1. Dis Isabelle, quand est-ce que tu ______________ la semaine dernière ?
2. Pour aller à l'école, je ______________ à 6h45.
3. Et dimanche, toute la famille ______________ assez tard.
4. Ma mère et moi, nous ______________ à 10 heures.
5. Mais mon père et mon frère ______________ à midi.
6. Seulement notre chien ______________ à 7 h comme toujours.

3 Stelle Fragen im Passé composé. Achtung, du musst dich entscheiden: Passé composé mit avoir oder mit être?

1. Tu – aller à Antibes – *Tu es allé à Antibes ?*
2. Vous – partir en excursion – ______________
3. Tes parents – rester à l'hôtel – ______________
4. Ta mère – lire beaucoup de livres – ______________
5. Ton frère – apprendre le tennis – ______________
6. Tu – ne pas s'ennuyer là-bas – ______________
7. Vous – rentrer le 20 août – ______________

Test 5

4

Füge die Formen des Participe passé in die Sätze ein. Wenn du alle Formen im richtigen Satz eingesetzt hast, ergeben die fett gedruckten Buchstaben das Lösungswort für Satz 6.

arr**i**vées **to**mbé regardé res**t**ée monté**s**

1. Les garçons sont ____________________ sur la tour Eiffel à pied.
2. Patrick est ____________________ de son vélo.
3. Nous avons ____________________ le film ensemble.
4. Ma sœur est ____________________ une heure chez sa copine.
5. Les filles sont ____________________ avec une heure de retard.
6. Pascal n'est pas ☐☐☐☐☐ samedi soir.

5

Setze die Verben im folgenden Text an der richtigen Stelle ein. Vielleicht musst du ein wenig knobeln! Verwende das Passé composé.

parler faire discuter rester arriver partir commencer aider aller organiser jouer prendre préparer partir

Samedi, Clara ____________________ (1) une grande fête pour son anniversaire. Elle ____________________ (2) des salades et un barbecue. À sept heures, les premiers copains ____________________ (3). D'abord, ils ____________________ (4) de l'école. Puis deux garçons ____________________ (5) leurs guitares et ils ____________________ (6) de la musique. À huit heures, ils ____________________ (7) à manger. Après, ils ____________________ (8) au ping-pong dans la cave. À minuit, tous les copains ____________________ (9). Seulement Sarah ____________________ (10). Elle ____________________ (11) Clara dans la cuisine. Ensuite, les filles ____________________ (12) pendant une heure. À une heure, Sarah ____________________ (13) aussi et Clara ____________________ (14) au lit.

Imparfait 15

Nous habitons à Paris.

J'habitais en Provence.

nous habit~~ons~~ + -ais = j'habitais

Hier lernst du das Imparfait kennen, eine weitere Vergangenheitsform. Das Imparfait wird gebildet aus:

1. dem Stamm, den man von der ersten Person Plural Präsens ableitet,
2. + den Endungen: -ais, -ais, -ait, -ions, -iez, -aient.

TIPP: Dieses System funktioniert auch bei den meisten unregelmäßigen Verben. Zu seiner Bildung musst du also die Präsensformen aller unregelmäßigen Verben (vgl. Kap. 7-10) gut beherrschen.

Nur ganz wenige unregelmäßige Verben haben auch im Imparfait einen unregelmäßigen Stamm, z. B. être – j'**ét**ais.
Bei Verben mit einer veränderten Schreibweise aufgrund der Aussprache, musst du aufpassen: commencer – je commen**ç**ais, aber Imparfait nous commen**c**ions (c vor e und i, ç vor a und o); manger – je man**ge**ais, aber Imparfait nous man**g**ions (g vor e und i, ge vor a und o)

1 Vervollständige die Tabelle nach der obigen Regel.

Infinitiv	**1. Pers. Pl. Präsens**	**Imparfait**
partir	nous partons	*je partais*
prendre	nous prenons	*tu prenais*
parler	nous parlons	tu ______
ouvrir	nous ouvrons	ils ______
choisir	nous choisissons	vous ______
faire	nous faisons	il ______
venir	nous venons	nous ______
boire	nous buvons	je ______

Imparfait

2 Finde in der Wortschlange die vier versteckten Verbformen im Imparfait und schreibe sie mit dem passenden Personalpronomen auf die Schreiblinien.

3 Ergänze im Rätsel die unregelmäßigen Formen des Imparfait.

Senkrecht:
1 être - tu
3 commencer - vous
5 nager - je
7 être – il
9 être - vous

Waagerecht:
2 commencer - il
4 nager - nous
6 être - ils

4 Les Alpes il y a 60 ans. Setze im folgenden Text die vorgegebenen Verben ins Imparfait.

Les gens de la région ____________ (1 être) paysans et ____________ (2 vivre) de l'agriculture. On ____________ (3 ne pas avoir) de télé, on ____________ (4 écouter) la radio. Il y ____________ (5 avoir) encore très peu de touristes. Les grandes stations de ski ____________ (6 ne pas encore exister). Quand j' ____________ (7 aller) dans les Alpes, j' ____________ (8 habiter) chez mes grands-parents. Je ____________ (9 se promener) beaucoup et ____________ (10 regarder) la nature.

Imparfait oder *Passé composé*

1 Ein Geschehen in der Vergangenheit wird im Passé composé und im Imparfait erzählt. Es ist nicht immer einfach zu entscheiden, wann welche der beiden Zeiten verwendet werden muss. Lies dir die folgende kurze Geschichte durch und unterstreiche die Verbformen.

Pierre attendait devant le cinéma quand on lui a volé son porte-monnaie. Comme il ne pouvait pas voir le film, Pierre est rentré à la maison. Luc, son frère, faisait comme toujours ses devoirs quand Pierre est arrivé.

- Tu n'es pas allé au cinéma ?
- Si, mais il m'est arrivé quelque chose. Je voulais acheter mon billet, mais quelqu'un a volé mon porte-monnaie.

Imparfait:
Beschreibung
Gewohnheit, Wiederholung
Zustand
Frage: Was war (schon)?

Passé composé:
einmalige oder neue,
abgeschlossene,
aufeinander folgende Handlungen
Frage: Was geschah?

Kreuze nun in der Tabelle an, welcher Fall bei den Beispielen aus der Geschichte oben zutrifft.

Verbform	Beschreibung Zustand	Gewohnheit Wiederholung	einmalige, neue Handlung
Pierre **attendait**			
on lui **a volé**			
il ne **pouvait** pas voir			
Luc **faisait**			
Pierre **est rentré**			
tu **n'es pas allé**			
il **m'est arrivé**			
je **voulais** acheter			
quelqu'un **a volé**			

TIPP

Oft kannst du an Signalwörtern erkennen, welche Zeit verwendet werden muss:
tout à coup – *plötzlich* = neue Handlung → Passé composé
toujours – *immer* = Gewohnheit, Zustand → Imparfait
Pendant les vacances, il jouait tous les jours au tennis. (**Gewohnheit**)
Mais hier il a joué aux cartes parce qu'il a plu. (**einmalig**)

Imparfait **oder** *Passé composé*

2 Verwende in jedem Satz einmal das Imparfait und einmal das Passé composé, die Verben stehen jeweils hinter dem Satz.

1. Quand M. Aubert ______________________ de son travail, il ______________________ déjà tard. (rentrer/ être)
2. Sa femme ______________________ le repas, quand il ______________________ dans l'appartement. (préparer/ entrer)
3. Pendant qu'ils ______________________ le repas, le téléphone ______________________. (prendre/ sonner)
4. M. Aubert ______________________ le programme de télé, parce qu'il ______________________ envie de voir un film. (regarder/ avoir)
5. Ils ______________________ devant la télé, mais le film ______________________ une catastrophe. (s'installer/ être)
6. Le lendemain, M. Aubert ______________________ à la maison parce qu'il ______________________ mal à la tête. (rester/ avoir)

3 Setze die Verben in der angegebenen Reihenfolge ins Passé composé oder ins Imparfait.

vivre être regarder gonfler commencer être appeler avoir faire

Les frères Montgolfier ______________________ (1) depuis des années dans une petite ville en France. Un jour, Joseph ______________________ (2) dans sa cuisine et ______________________ (3) une chemise dans la cheminée. Tout à coup, le vêtement ______________________ (4) et ______________________ (5) à monter. Cela ______________________ (6) un choc pour Joseph. Il ______________________ (7) tout de suite son frère Etienne qui ______________________ (8) alors l'idée de remplir un grand sac de papier avec de l'air chaud. La première montgolfière ______________________ (9) son premier vol le 4 juin 1783.

1 Setze das Verb aus dem ersten Teil des Satzes im zweiten Teil ins Imparfait.

Aujourd'hui et autrefois

1. Aujourd'hui, nous habitons à Paris, et autrefois, nous habitions dans un petit village.
2. Aujourd'hui, nous n'avons qu'un petit balcon, autrefois, nous ______ un grand jardin.
3. Aujourd'hui, papa travaille dans un bureau, autrefois, il ______ dans un magasin.
4. Aujourd'hui, il finit le travail à 16 heures, autrefois, il ______ le travail à 19 heures.
5. Aujourd'hui, je suis au lycée, autrefois, j'______ à l'école primaire.
6. Aujourd'hui, mes parents sortent souvent le soir, autrefois ils ne ______ pas souvent.

2 Eine ereignisreiche Nacht für Patrick! Setze nun im folgenden Text das Verb in die richtige Zeit: **lila** steht für Imparfait und **orange** für Passé composé.

Quand j' ______ (1 être) petit, ma sœur et moi, nous ______ (2 passer) toujours nos vacances chez ma grand-mère à la campagne. Une nuit, je ______ (3 dormir) déjà, quand tout à coup, je ______ (4 se réveiller). Une femme ______ (5 crier). C' ______ (6 être) dans la salle de séjour. J'______ (7 dire) à ma sœur : « Grand-mère est en danger ! » Ma sœur ______ (8 se lever) tout de suite, mais elle ______ (9 avoir) peur. Alors moi, je ______ (10 aller) tout seul en bas, dans la salle de séjour. Quand j'______ (11 ouvrir) la porte, j'______ (12 comprendre): Dans la salle de séjour, ma grand-mère ______ (13 dormir) dans son fauteuil et il y ______ (14 avoir) un film policier à la télé.

Test 6

3 Ergänze in der Tabelle die fehlenden Verbformen.

infinitif	imparfait	passé composé
attendre	j'__________	j'__________
__________	nous comprenions	nous __________
__________	__________	il a dit
préparer	il __________	il __________
__________	ils offraient	ils __________
__________	__________	tu as réfléchi
dormir	vous __________	vous __________
__________	elle s'amusait	__________
mettre	nous __________	nous __________

4 Ergänze die Verben im Imparfait oder im Passé composé.

1. Il __________ (pleuvoir) quand nous __________ (partir) en vacances.
2. Cet après-midi, Pascal __________ (expliquer) les problèmes de maths à son copain parce qu'il ne les __________ (comprendre) pas.
3. Nous __________ (être) toujours en Bretagne pendant les vacances, mais cette année, nous __________ (aller) en Provence.
4. Le dimanche, mon frère __________ (jouer) toujours au foot, mais ce dimanche, il __________ (faire) une excursion avec nous.
5. Je __________ (faire) encore mes devoirs quand ma copine __________ (arriver) avec sa correspondante.
6. Quand le téléphone __________ (sonner), je __________ (dormir) déjà.
7. Marie n'__________ (être) pas encore dans la classe quand le prof __________ (arriver).
8. Hier, nous __________ (aller) à la piscine parce qu'il __________ (faire) beau.

Subjektpronomen, unverbundene Personalpronomen

17

1 Welche Antwort rechts passt zur Frage links? Kombiniere die Sätze richtig.

1. Pourquoi est-ce que Paul ne vient pas ce soir ?
2. Qu'est-ce que ta sœur fait dimanche ?
3. Tes parents travaillent le samedi ?
4. Est-ce que les filles mangent à la cantine ?
5. Tu as compris l'exercice d'allemand ?
6. Quand est-ce que vous venez ?

a. Elle va danser avec sa copine.
b. Nous venons à 10 heures.
c. Non, ils sont libres.
d. Parce qu'il est malade.
e. Oui, je l'ai déjà fait.
f. Non, elles rentrent à midi.

Du konntest die Sätze wahrscheinlich deshalb richtig kombinieren, weil dir dabei die **Personalpronomen** geholfen haben. Unterstreiche alle **Personalpronomen**, die du in den Sätzen der Übung 1 findest. Diese Pronomen bilden das Subjekt des Satzes. Man nennt sie daher **Subjektpronomen**.

2 Neben den **verbundenen Personalpronomen**, die du unterstrichen hast, gibt es auch **unverbundene betonte Personalpronomen**. Man verwendet sie:

a. allein stehend ohne Verbindung mit einem Verb oder nach c'est.
b. zur besonderen Betonung eines verbundenen Personalpronomens.
c. nach allen Präpositionen.
d. als Dativ mit à, wenn beim Verb die Akkusative me, te, se, nous, vous stehen.
e. beim bejahten Imperativ (angeschlossen mit einem Bindestrich).

Unterstreiche in den folgenden Sätzen die unverbundenen Personalpronomen und gib an, auf welchen der oben genannten 5 Fälle die Sätze zutreffen. Manche unverbundenen Pronomen sind mit den verbundenen Pronomen gleich, andere sind jedoch anders. Wie lauten Sie? Vervollständige anschließend die Tabelle rechts.

1. Donne-moi le ballon ! [e]
2. C'est toi qui as rangé la cuisine? [ ]
3. Nous, on va en Bretagne, et eux, ils restent à Paris. [ ]
4. À qui est le stylo ? À moi. [ ]
5. Mon frère est arrivé. Je vous présente à lui. [ ]
6. Qui prépare le repas demain ? Moi. [ ]
7. Tes parents partent en vacances sans toi ? [ ]
8. Avec lui, on s'amuse toujours bien. [ ]
9. Moi, je reste à la maison ce soir. [ ]

verbundene Personalpronomen	unverbundene Personalpronomen
je	______
tu	______
il	______
elle	elle
nous	______
vous	vous
ils	______
elles	elles

Subjektpronomen, unverbundene Personalpronomen

3 Ergänze in den Antworten das unverbundene Personalpronomen.

1. C'est André qui joue de la guitare ? Oui, c'est ________ .
2. C'est toi qui as écrit la lettre ? Oui, c'est ________ .
3. Paul et Chantal, c'est vous ? Oui, c'est ________ .
4. ________ , je vais à la piscine, et ________ ?
5. Ce pull est à ta sœur ? Oui, il est à ________ .
6. Léa va au cinéma avec Paul ? Oui, elle y va avec ________ .

4 Ergänze im folgenden Text die Subjektpronomen.

Nicole est dans une librairie. ________ (1) cherche un livre sur l'Allemagne. Une vendeuse montre un livre à Nicole, mais ________ (2) est trop cher. En ce moment, Pascal et Dominic, deux amis de Nicole entrent dans la librairie. ________ (3) demandent à Nicole : « Salut Nicole, qu'est-ce que ________ (4) cherches ? » ________ (5) montre le livre à ses amis et dit : « ________ (6) voudrais bien acheter ce livre, mais ________ (7) est trop cher, ________ (8) n'ai pas assez d'argent sur moi. » Les amis disent : « Mais ________ (9) avons ce livre à la maison. ________ (10) peux l'avoir si tu veux. » Les amis quittent la librairie. ________ (11) veulent encore aller au supermarché. Pascal dit : « ________ (12) pouvons faire des crêpes chez moi. ________ (13) as envie, Nicole ? » Alors ________ (14) font les courses ensemble et vont chez Pascal.

5 Ergänze die Sätze mit den richtigen Pronomen.

vous je nous vous moi toi moi tu

1. ● ________ joue au tennis, et ________ ?
2. ● ________ , je préfère le volley.
3. ● ________ aimes aussi le foot ?
4. ● Oui, mon frère et ________ , ________ jouons au club de notre village ce soir.
5. ● Alors ________ venez ce soir ? On va jouer avec ________ .

Objektpronomen: direktes und indirektes Objekt

18

Französische Sätze werden streng noch folgendem Plan gebildet: **S – V – O.**

Subjekt	**V**erb	direktes **O**bjekt	indirektes **O**bjekt
Pascal	offre	le livre	à son ami.

1 Unterstreiche im jeweils ersten Satz das direkte oder indirekte Objekt, das im nächsten Satz durch die unterstrichenen Objektpronomen ersetzt wurde.

1. Tu cherches Nicole ? – Oui, je <u>la</u> cherche, elle est là ?
2. Nicole promène le bébé des voisins. – Elle <u>le</u> promène tous les jours.
3. Qu'est-ce que Paul montre à son frère ? – Il <u>lui</u> montre sa voiture.
4. Est-ce que Martine dit bonjour à ses amis ? – Oui, elle <u>leur</u> dit bonjour.

2 In der ersten Übung hast du die Objektpronomen in der 3. Person kennen gelernt. Ergänze die folgende Tabelle mit den Objektpronomen in der 3. Person.

Subjekt	direktes Objekt	indirektes Objekt
je	me/ m'	me/ m'
tu	te/ t'	te/ t'
il	____________	____________
elle	____________	____________
nous	nous	nous
vous	vous	vous
ils/elles	____________	____________

TIPP

Denke daran: das direkte Objekt wird **direkt** an das Verb angeschlossen: chercher **qn**. Vor dem indirekten Objekt steht dagegen noch eine Präposition: dire bonjour **à qn**! Daher ist es auch wichtig, dass du die Verbanschlüsse immer mitlernst.

Die Objektpronomen stehen immer vor dem konjugierten Verb – auch im Passé composé. Die Verneinung umschließt das konjugierte Verb mit dem Objektpronomen. Nur bei Verben mit einem Infinitivanschluss (z.B. vouloir, pouvoir, savoir, aller faire qc), steht das Objektpronomen direkt vor dem Infinitiv.
Lies die folgenden Sätze durch und achte auf die Stellung des eingekreisten Objektpronomens.

1. Voilà mon bateau. Il (te) plaît ? – Non, il ne (me) plaît pas.
2. Tu dis bonjour à ta tante ? – Non, je ne veux pas (lui) dire bonjour.
3. Pascal a téléphoné à grand-mère ? – Oui, il (lui) a téléphoné.
4. Tu as déjà un cadeau pour Nicole ? – Oui, je vais (lui) offrir un CD.

Objektpronomen: direktes und indirektes Objekt

3 Verneine die folgenden Sätze.

1. Tu lui offres un CD de Zazie ? *Tu ne lui offres pas un CD de Zazie ?*
2. Je leur ai dit bonjour. ____
3. Tu veux les inviter ? ____
4. Papa peut vous conduire à l'école. ____
5. Vous m'attendez au café ? ____
6. Il leur a montré son bateau. ____

4 Setze in der Antwort ein Objektpronomen ein.

1. Pascal a offert un CD à Nicole ? – Non, il ____ a offert un livre.
2. Tu peux promener le chien ? – Non, je ne peux pas ____ promener aujourd'hui.
3. Tu comprends les exercices d'allemand ? – Non, je ne ____ comprends pas.
4. Vous m'attendez au café ? – Non, on ____ attend devant le cinéma.
5. Papa, tu peux nous conduire chez Léa ? – Non, je ne peux pas ____ conduire maintenant.
6. Tu as téléphoné à tes grands-parents ? – Non, je ne ____ ai pas encore téléphoné.

5 Verneine die folgenden Sätze. Lies dir dazu aber auch noch den Tipp unten durch!

1. Regarde-<u>moi</u> ! – *Ne <u>me</u> regarde pas !*
2. Attends-moi devant le cinéma. – ____
3. Donne le cahier à elle. – ____
4. Lave-toi les mains. – ____
5. Dis-moi la solution. – ____
6. Appelle-moi ce soir. – ____

TIPP: Beim bejahten Imperativ musst du das unverbundene Personalpronomen verwenden (vgl. Kap. 17), ist der Imperativ jedoch verneint, steht ein Objektpronomen.

Stellung der Objektpronomen und *y/ en*

Wenn in einem Satz zwei Personalpronomen vorkommen, so stehen sie in folgender Reihefolge:

me			
te	le	lui	
se	la	leur	y, en
nous	les		
vous			

Tu me donnes le livre? – Oui, je **te le** donne.
Il offre le CD à son cousin ? – Oui, il **le lui** offre.

Ortsangaben oder Ergänzungen mit de und à oder mit Teilungsartikel (vgl. Kap 29) werden durch die Pronomen y oder en ersetzt:
Tu viens de l'école? - Oui, j'**en** viens.
Il parle de son chien ? - Oui, il **en** parle.
Tu veux de la limonade ? - Oui, j'**en** veux
Donnez-moi des pommes. – Vous **en** voulez combien ?

Tu vas à Paris? – Oui, j'**y** vais.
Elle a pensé à ton livre ? – Oui, elle **y** a pensé.

1 Ordne die Antworten der richtigen Frage zu.

1. Vous avez encore du lait ?
2. Tu as donné le livre à Pascal ?
3. Dominic t'a parlé de ses vacances ?
4. Il y a encore du café ?
5. Tu peux me montrer ta nouvelle maison ?
6. Tu as le nouveau CD de IAM ?
7. Karine est allée à Paris ?
8. Claire vous a montré son nouvel ordinateur ?
9. Tu as pensé à l'anniversaire de grand-père ?
10. Maman, tu m'achètes ce portable ?

a. Oui, je peux te le prêter, si tu veux.
b. Il m'en a parlé pendant deux heures.
c. Elle y est allée hier soir.
d. Si tu es sage, je te l'offre pour ton anniversaire.
e. Zut, je n'y ai pas pensé.
f. Elle ne nous l'a pas encore montré.
g. Non, je n'en ai plus.
h. Je te la montre la semaine prochaine.
i. Oui, tu en veux ?
j. Oui, je le lui ai donné hier.

Stellung der Objektpronomen und *y/ en*

2 Antworte wie im Beispiel verneint und ersetze die unterstrichenen Satzteile durch Pronomen.

1. Tu téléphones à Michel ? – Non, je ne lui téléphone pas.
2. Les Brancart viennent de Paris ? – ______________________.
3. Tu restes à Strasbourg pendant les vacances ? – Non, ______________________.
4. Tu me montres la photo ? – Non, ______________________.
5. Tu nous donnes les tickets ? – Non, ______________________.

3 Ordne den Fragen die passenden Antworten zu.

1. Tu peux me prêter ton vélo ?
2. Tu peux nous prêter les CD ?
3. Tu peux prêter le livre à mon frère ?
4. Tu peux prêter la cassette à tes copains ?

a. Non, je ne la leur prête pas.
b. Non, je ne te le prête pas.
c. Non, je ne le lui prête pas.
d. Non, je ne vous les prête pas.

4 Lies die kurze Zeitungsmeldung. Wofür stehen die Objektpronomen in den Sätzen? Schreibe in die Lücke, wofür die markierten Objektpronomen stehen.

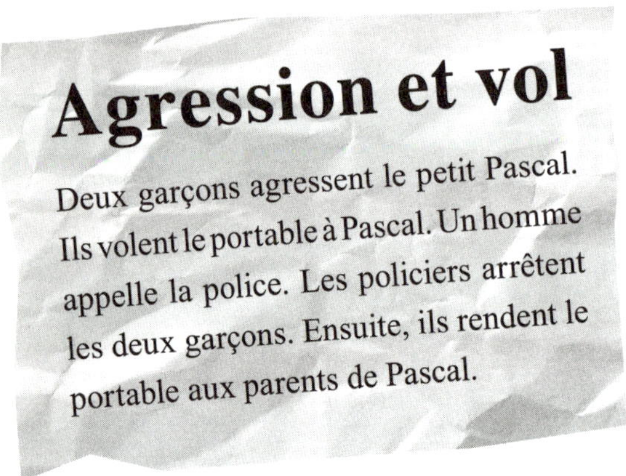
Agression et vol

Deux garçons agressent le petit Pascal. Ils volent le portable à Pascal. Un homme appelle la police. Les policiers arrêtent les deux garçons. Ensuite, ils rendent le portable aux parents de Pascal.

1. Ils **l'**agressent. ______________
2. Ils **le lui** volent. ______________ ______________
3. Un homme **l'**appelle. ______________
4. Ils **les** arrêtent. ______________
5. Ils **le leur** rendent. ______________ ______________

5 Unterstreiche in den folgenden Sätzen das direkte und das indirekte Objekt und schreibe hinter den Satz die Objektpronomen, die du dafür einsetzen kannst.

1. Nous donnons la photo à Sophie. la – lui
2. Marc offre le cadeau à sa mère. ______ – ______
3. Tu donnes les cahiers au professeur ? ______ – ______
4. Je présente ma sœur aux copains. ______ – ______
5. Le prof donne les tickets de métro aux élèves. ______ – ______

1 Antworte auf die Fragen und verwende dabei Subjektpronomen und unverbundene Personalpronomen.

1. C'est ton vélo? – Oui, *il est à moi*______.
2. C'est la cassette de Pascal ? – Oui, ______.
3. Ce sont les chaises des élèves ? – Oui, ______.
4. C'est le chien de tes sœurs ? – Oui, ______.
5. Ce sont les CD de ta copine? – Oui, ______.
6. C'est votre maison ? – Oui, ______.

2 Ergänze die Antworten auf die Fragen mit den passenden Objektpronomen.

1. Pascal te montre ses photos ? – Oui, il ______ ______ montre samedi.
2. Papa nous prête son portable ? – Non, il ne ______ ______ prête pas.
3. Vous me donnez l'adresse de Marc ? – Oui, nous ______ ______ donnons ce soir.
4. Tu m'apportes le CD de IAM ? – Oui, je ______ ______ apporte demain.
5. Maman, tu nous achètes le chien ? – Non je ne ______ ______ achète pas.
6. Tu nous présentes ta correspondante ? – Oui, je ______ ______ présente à l'école.

3 Ergänze die Antworten mit den Pronomen, die sich auf den unterstrichenen Satzteil beziehen.

1. Tu veux partir en vacances <u>avec ton copain</u> ? – Oui, je veux partir avec ______.
2. Tu en as parlé <u>à tes parents</u> ? – Oui, je ______ en ai parlé hier.
3. Ton père te conduit <u>à la gare</u> ? – Oui, il m'______ conduit.
4. Tu peux parler à tes parents <u>de tes problèmes</u>. – Oui, je peux toujours leur ______ parler.
5. Ils s'intéressent <u>à tes problèmes</u> ? Oui, ils s'______ intéressent.
6. Tu habites <u>à Marseille</u> ? Oui, j'______ habite depuis deux ans.

Test 7

4 Ordne den Fragen die passenden Antworten zu.

1. Tu donnes l'adresse à tes copains ?
2. Tu dis son numéro de téléphone à ta mère ?
3. Tu montres tes photos à ta sœur ?
4. Tu prêtes ton vélo à tes copains ?
5. Tu prêtes tes CD à ton frère ?
6. Tu donnes ces fleurs à ta mère ?

a. Je le lui dis.
b. Je le leur prête.
c. Je ne les lui prête pas.
d. Je les lui montre.
e. Je les lui donne.
f. Je la leur donne.

5 Antworte wie im Beispielen vorgegeben und verwende dabei y und en.

1. Tu as du lait ? (donner) – *Je peux t'en donner, si tu veux.*
2. Tu as besoin d'argent ? (prêter) – __________
3. Vous cherchez du papier ? (donner) – __________
4. Tu dois aller à la gare ? (conduire) – __________
5. Vous voulez écrire des cartes postales ? (acheter) – __________

6 Bringe die Sätze in die richtige Reihenfolge. Achte vor allem auf die richtige Position der Pronomen.

1. avec | que | tu | toi, | qu'est-ce | Et | ton | fais | correspondant ? |

____

2. vais | lui. | au | Je | avec | cinéma |

____

3. y | avec | vous ? | peux | aller | Je |

____

4. tu | à | attends | nous | 20 | heures ? | D'accord, |

____

5. Et | après, | aller | pouvons | nous | moi. | chez |

____

Form und Stellung der Adjektive

1 Lies den Text zum Schlussverkauf und unterstreiche die Adjektive.

Martine fait du shopping avec sa copine Clara. Dans une petite boutique où il y a des jeans italiens, Clara essaye un jean rouge et Martine regarde des jupes. Une jeune vendeuse lui montre une belle jupe. Mais elle est trop chère. Clara cherche encore des chaussures blanches pour le bal à l'école. Dans le magasin à côté, elle trouve des très belles chaussures qui ne sont pas trop chères.

Adjektive richten sich in Geschlecht und Zahl nach dem Substantiv, das sie beschreiben:
le grand garçon – la grand**e** fille – les grand**s** garçons – les grand**es** filles
Allerdings bilden viele Adjektive die weibliche Form oder den Plural unregelmäßig. Du findest einige davon im obigen Text. Trage die fehlende Form in die Tabelle ein.

maskulin Singular	feminin Singular	maskulin Plural	feminin Plural
italien	italien**ne**	______________	italien**nes**
______________	rouge	rouges	rouges
cher	______________	chers	______________
blanc	blanche	blancs	______________
beau/ bel	belle	beaux	______________
petit	______________	petits	petites

Man kann die unregelmäßigen Adjektive, in kleine Gruppen einteilen:

- Adjektive, die auf -e enden, sind in der maskulinen und femininen Form gleich, z.B. moderne, drôle, triste.
- Adjektive auf -eux > -euse: danger**eux** – danger**euse**, heur**eux** - heur**euse**
- Adjektive auf -er > -ère: derni**er** - derni**ère**, ch**er** - ch**ère**
- Verdoppelung des Endkonsonanten: gro**s** – gro**sse**, nu**l** – nu**lle**, bo**n** – bo**nne**
- Adjektive auf -f > -ve: neu**f** – neu**ve**, sporti**f** - sporti**ve**
- Adjektive auf -al > -aux im Plural: internation**al** (m. Sg.)– internation**aux** (m. Pl.)
- Adjektive mit 5 Formen: Einige Adjektive haben im Singular eine zweite maskuline Form, wenn sie vor einem Substantiv mit Vokal oder stummem h stehen:
  un beau village – un **bel** hôtel – une belle ville – des beaux jeans – des belles jupes
  nouveau/ **nouvel**, nouvelle, nouveaux, nouvelles – vieux/ **vieil**, vieille, vieux, vieilles
- Einige Adjektive haben Sonderformen, die man einfach lernen muss. Dazu gehören: blanc - blanche, faux - fausse, fou - folle, long - longue, sympa - sympa

Stellung der Adjektive:
Die meisten Adjektive stehen **hinter** dem Substantiv. Nur ganz wenige Adjektive stehen **davor**: grand, petit, jeune, vieux, bon, mauvais, beau, joli, gros, haut.

Form und Stellung der Adjektive

2 Ergänze die Adjektive im Text und gleiche sie an die Substantive an, wenn nötig.

nouveau heureux bon cher petit breton difficile romain petit grand fou

Au cinéma, on joue le ______________ (1) film d'Astérix. Jeanne et Nicole sont ______________ (2). Elles ont des ______________ (3) places qui n'étaient pas trop ______________ (4). L'histoire se passe dans un ______________ (5) village ______________ (6). La vie est très ______________ (7) pour les garnisons ______________ (8). Le ______________ (9) Astérix avec sa ______________ (10) intelligence et son copain arrivent toujours à gagner les bagarres. Obélix dit toujours : « Ils sont ______________ (11), les Romains ! »

3 Ergänze die Adjektive zu den Namen der Länder und Regionen.

Land	Adjektiv maskulin	Adjektiv feminin
l'Allemagne	allemand	______________
la France	______________	______________
l'Italie	______________	______________
l'Autriche	autrichien	______________
L'Algérie	______________	algérienne
la Bretagne	______________	______________

4 Setze das passende Adjektiv in den Satz ein. Jedes Adjektiv kann von der Position und Geschlecht/ Zahl nur in einem Satz sinnvoll passen, eines bleibt übrig.

nouveau verte blanches difficiles bleu beau grandes nouvel

1. Ma sœur a acheté des chaussures ______________ .
2. Marcel a deux ______________ sœurs.
3. J'ai échangé ma jupe ______________ contre le pull ______________ de Karine.
4. Mes parents m'ont offert un ______________ ordinateur pour mon anniversaire.
5. Notre ______________ prof de maths fait des tests très ______________ .

Steigerung der Adjektive

1 Im folgenden Text findest du acht Vergleiche. Unterstreiche sie.

Cette semaine, la classe de Sylvie fait un stage professionnel. Bien sûr, ce stage est plus intéressant que les cours à l'école. Sylvie travaille dans un restaurant. C'est le restaurant le plus cher de la ville. Les repas y sont meilleurs qu'à la cantine de l'école, mais ils sont aussi plus chers. Le travail de Sylvie commence plus tôt que l'école. Elle court toute la journée, et le soir elle est plus fatiguée qu'après une journée à l'école. Elle apprend beaucoup de choses. Elle sait maintenant que les verres à vin rouge sont plus grands que les verres à vin blanc. Et surtout le patron est très sympa, plus sympa que son prof de maths...

Es gibt 3 Möglichkeiten, den Komparativ (Vergleichsform) des Adjektivs zu bilden:

aussi + Adj. + que — *genauso ... wie*
plus + Adj. + que — *mehr ... als*
moins + Adj. + que — *weniger ... als*

Karim est **aussi grand que** Luc.
Karim est **plus grand que** Marie.
Marie est **moins grande que** Karim et Luc.

Man kann aber nicht nur sagen, dass etwas größer, kleiner oder genauso groß ist, sondern man kann auch die höchste Stufe des Vergleichs, den Superlativ ausdrücken. Der Superlativ wird gebildet mit le/ la/ les plus + Adj. (+ de) oder le/ la/ les moins + Adj. (+ de).
Paris est **la plus grande** ville de France. (bei vorangestelltem Adjektiv)
Sandra est la fille **la plus gentille** de notre classe. (bei nachgestelltem Adjektiv)

Ein Adjektiv bildet den Komparativ und den Superlativ unregelmäßig:
bon – meilleur – le/ la meilleur(e) (*gut – besser – der/ die/ das beste*)
Pascal est **le meilleur** élève de notre classe.

TIPP

Auch beim Komparativ und Superlativ musst du das Adjektiv in Geschlecht und Zahl an das Substantiv angleichen:
Pascal est plus sporti**f** que son copain. Karine est plus sporti**ve** que Léa.
Les filles sont meilleur**es** en maths que les garçons.
J'ai passé les plus **belles** vacances en France.

Steigerung der Adjektive

2 Bilde Vergleiche mit plus...que, moins...que oder aussi...que.

1. beau – la France – l'Allemagne *La France est aussi belle que l'Allemagne*.
2. grand – Karine (1m67) – Sylvie (1m67) ______.
3. petit– l'Espagne – la Belgique ______.
4. rapide – l'avion – le train ______.

3 Bilde Superlative. Achte auf die richtige Stellung und die Angleichung des Adjektivs.

1. le TGV – rapide – train en France
   Le TGV est le train le plus rapide en France.
2. Pierre – bon – élève de notre classe
   ______.
3. Le Louvre – intéressant – musée de Paris
   ______.
4. Paris - grand – ville de la France
   ______.

4 Zwei Touristen unterhalten sich über Frankreich. Ordne die Wörter in den Sätzen richtig.

● moi | Pour | , | de | plus | belle | est | la | Strasbourg | France | ville | . |

______

● vrai | C'est | , | est | Strasbourg | plus | Paris | que | mais | important | . |

______

● Paris | À | , | la | les | restaurants | de | France | toute | trouve | meilleurs | on | . |

______

● chers | se | restaurants | Les | les | les | plus | sur | trouvent | Champs-Élysées | . |

______

1

Ergänze das angegebene Adjektiv in der passenden Form (**Grundform**, **Komparativ** oder **Superlativ**) und gleiche es an das Substantiv an.

1. Grand-père est déjà ____________________, il a 78 ans. Mais grand-mère est ____________________ que lui, elle a 80 ans. (vieux)
2. J'habite dans une ____________________ ville. C'est ____________________ ville dans la région. (petit)
3. Marc a eu ____________________ test de toute la classe. Normalement c'est Pascal qui est toujours ____________________ que Marc. (bon)
4. Ma sœur est ____________________ que moi. Elle est ____________________ fille de sa classe. (grand)

2

Trage in das Rätsel die richtige Form des angegebenen Adjektivs ein.

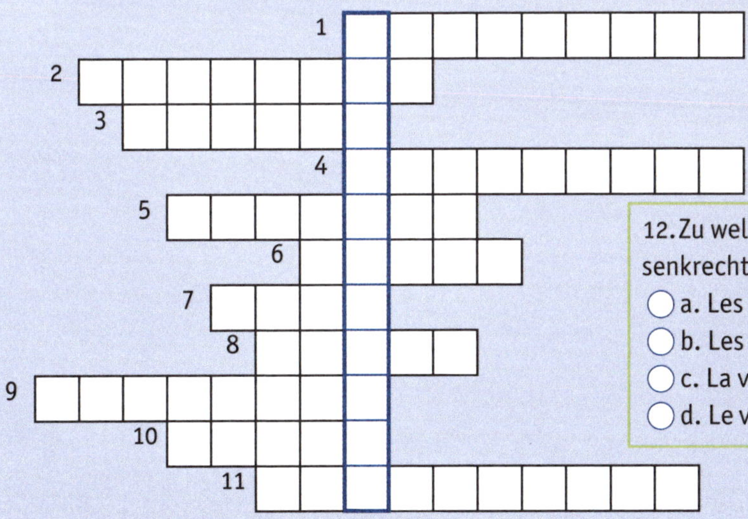

12. Zu welchem Satz passt das senkrechte Lösungswort?
- ◯ a. Les croissants sont...
- ◯ b. Les oranges sont...
- ◯ c. La viande est...
- ◯ d. Le vin est...

1. Pendant les...vacances, j'étais en France. (*letzte*)
2. Elle a beaucoup travaillé, maintenant elle est... (*müde*)
3. Il a un...ordinateur. (*neu, anders*)
4. Fiat est une voiture... (*italienisch*)
5. Il porte une chemise... (*weiß*)
6. Grand-père est un...homme. (*alt*)
7. Mon frère est vraiment... (*doof*)
8. Sa voiture est toute... (*neu, fabrikneu*)
9. Tu as vu les...dames? (*alt*)
10. Ma note en maths est vraiment... (*miserabel, doof*)
11. Strasbourg est une ville... (*elsässisch*)

Test 8

3 Füge die Adjektive in der angegebenen Reihenfolge in den Texte ein und gleiche sie an.

klein französisch groß lang kurz frei andere sympathisch lustig interessant bevorzugt gut

Silke : Dis Julie, elle est ________________ (1), ton école ?

Julie : Non, les collèges ________________ (2) sont toujours assez ________________ (3).

Silke : Et tes journées à l'école sont ________________ (4) ?

Julie : Seulement les samedis sont ________________ (5), et les mercredis sont ________________ (6). Mais les ________________ (7) jours, nous avons cours de 8 heures jusqu'à 16 heures.

Silke : Est-ce que tes profs sont ________________ (8) ?

Julie : Mme Braun, notre prof d'allemand est toujours très ________________ (9).

Silke : Est-ce que les cours d'allemand sont ________________ (10) ?

Julie : Oui, l'allemand, c'est ma matière ________________ (11). J'ai toujours eu des ________________ (12) notes en allemand.

4 Bilde mit dem angegebenen Adjektiv und Substantiv einen Superlativ. Achte auf die richtige Position (vor oder hinter dem Substantiv) und gleiche das Adjektiv an.

1. Paris est la ________________________________ de France. (beau/ ville)
2. C'est aussi la ________________________________ (intéressant/ ville)
3. Le ________________________________ est la tour Eiffel. (haut/ monument)
4. À Paris il y a les ________________________________ de France. (grand/ musées)
5. Le ________________________________ , c'est le Centre Pompidou. (moderne/ musée)
6. Et les ________________________________ se trouvent près de l'église de la Madeleine. (bon/ restaurants).

Verneinung

22

1 Ordne die Antworten den richtigen Fragen zu und unterstreiche die Verneinungselemente.

1. Tu as déjà fait tes devoirs ?
2. Marc va au cinéma ?
3. Vous connaissez quelqu'un ici ?
4. Ils ont trouvé un nouveau pull ?
5. Pascal va toujours au club de foot ?
6. Tu as déjà fait un voyage au Maroc ?
7. Qui a préparé le repas ?
8. Ça marche bien à l'école ?

a. Non, il n'y va pas.
b. Ils n'ont rien trouvé.
c. Je n'étais jamais au Maroc.
d. Rien ne marche à l'école.
e. Je crois qu'il n'y va plus.
f. Je n'y connais personne.
g. Personne n'a eu le temps de le préparer.
h. Je ne les ai pas encore faits.

Einige Verneinungselemente hast du in der Übung gefunden. Hier noch mal der Überblick:

ne ... pas	*nicht*	ne ... pas du tout	*überhaupt nicht, gar nicht*
ne ... rien	*nichts*	ne ... rien du tout	*gar nichts*
ne ... jamais	*nie*	ne ... plus jamais	*nie mehr*
ne ... plus	*nicht mehr*	ne ... pas non plus	*auch nicht*
		ne ... pas encore	*noch nicht*

Stellung der Verneinungselemente

- Die Verneinungselemente ne ... pas/ rien/ jamais... etc. umschließen das Verb. Wenn dem Verb ein Objektpronomen vorangestellt wird, dann rückt es zwischen ne und das Verb: Je **ne** les connais **pas**. (vgl. Kap. 18, 19)
- Im Passé composé umschließen die Verneinungselemente nur die konjugierte Form von avoir oder être, bei Verwendung eines Hilfsverbs (z.B. vouloir, pouvoir, aller) steht dieses zwischen den Verneinungselementen.
  Elle **n'**est **pas** venue. – Je **ne** peux **pas encore** faire mes devoirs. – Il **ne** s'ennuie **pas**.
- Eine Ausnahme ist die Stellung der Verneinung bei ne... personne. Hier steht das zweite Element (personne) immer nach dem Participe passé und nach dem Infinitiv.
  Je **n'**ai rencontré **personne**. Je **ne** vais rencontrer **personne**.
- Die Verneinungswörter personne ne (*niemand*) und rien ne (*nichts*) sind die Verneinung von quelqu'un (*jemand*) und quelque chose (*etwas*). Sie sind Subjekt oder direktes Objekt des Satzes (Antwort d. und g.). Man kann sie auch mit einem Objekt mit den Präpositionen à, de, avec kombinieren: Je ne parle à personne. – *Ich spreche mit niemandem.*

Nach ne ... pas, ne ... plus, ne ... jamais steht bei einem folgenden Objekt nur de anstelle von du, de la, de l' oder des.
Tu veux **du** coca ? – Non merci, je ne bois pas/ plus/ jamais **de** coca.

Verneinung

2 Bringe die Wörter in den folgenden Sätzen wieder in die richtige Reihenfolge.

1. tout. | m'intéressent | pas | maths | ne | Les | du |

____

2. jamais | en | passer | veux | Je | vacances | ne | les | Espagne. |

____

3. foot. | ne | plus | jouer | au | Pascal | peut |

____

4. vu | n'a | Personne | mon | frère. |

____

5. Sylvie. | pour | rien | trouvé | de | Nous | n' | l'anniversaire | avons |

____

3 Übersetze die folgenden Sätze.

1. Ich denke an nichts. ______________________________
2. Er versteht gar nichts. ______________________________
3. Wir haben niemanden gesehen. ______________________________

4 Beantworte die Fragen verneint.

1. Tu as déjà vu le nouveau film d'Astérix ? ______________________________

____

2. Tu joues toujours au foot ? ______________________________

____

3. Tu as trouvé un pull ? ______________________________

____

4. Tu connais quelqu'un au club ? ______________________________

____

5. Quelqu'un a sonné à la porte ? ______________________________

____

Imperativ

23

1 Um eine Aufforderung oder einen Befehl auszudrücken, verwendet man den Imperativ. Sicher hast du in der Schule die folgenden Anweisungen schon gehört oder gelesen. Unterstreiche die Imperativformen, die in den folgenden Sätzen vorkommen.

1. Cherchez les verbes dans le texte.
2. Traduis les phrases.
3. Posez des questions et répondez.
4. Ne parle pas avec ton voisin.
5. Faites un dialogue et jouez-le.

Der Imperativ wird gebildet aus:

- der 1. Person Singular des Verbs: je travaille – **Travaille !**, j'attends – **Attends !**
- der 2. Person Plural des Verbs: vous regardez – **Regardez !**, vous finissez – **Finissez !**
- der 1. Person Plural des Verbs: nous cherchons – **Cherchons !**, nous dormons – **Dormons !**
  Die Form für die erste Person Plural wird verwendet, wenn man selbst zu der Gruppe gehört, an die sich eine Aufforderung richtet, im Deutschen übersetzt man hier oft mit: *Lasst uns...*

Nur insgesamt 5 Verben haben unregelmäßige Imperativformen:

être: sois, soyez, soyons
avoir: aie, ayez, ayons
aller: va, allez, allons
savoir: sache, sachez, sachons
vouloir: veuille, veuillez

Das Subjektpronomen fällt beim Imperativ immer weg.

Objektpronomen stehen im bejahten Imperativsatz **mit Bindestrich hinter** dem Verb und im **verneinten Imperativsatz vor** dem Verb.
Bei dem nachgestellten Pronomen stehen statt me und te die unverbundenen Pronomen moi und toi (vgl. Kap. 17-19). Das gilt auch für reflexive Verben (vgl. Kap. 5).

Bejahter Imperativ	Verneinter Imperativ
Cherchons-les.	Ne les cherchons pas.
Lève-toi.	Ne te lève pas.
Appelez-moi.	Ne m'appelez pas.

Imperativ

2 Formuliere die folgenden Anweisungen und Fragen um und verwende dabei Imperative.

1. Tu dois faire l'exercice. Fais l'exercice ______ .
2. Vous devez corriger les phrases. ______ .
3. Tu peux me donner ton cahier ? ______ .
4. Vous pouvez m'appeler ce soir ? ______ .
5. Nous pouvons finir le travail. ______ .
6. Vous pouvez vous lever. ______ .
7. Tu dois les attendre ici. ______ .
8. Tu dois te dépêcher. ______ .

3 Suche im Wortkasten die Imperativformen (waagerecht und senkrecht) und setze sie in den passenden Satz ein.

1. Ne ______ pas trop longtemps la télé, les enfants.
2. ______ de parler tout le temps.
3. ______ ton vélo et ______ avec moi.
4. ______, c'est la nouvelle chanson de Madonna.
5. ______-moi ton cahier, s'il te plaît.
6. ______-moi, Monsieur, je suis en retard.
7. ______ faire un tour en ville.
8. ______ les phrases.

h	r	e	g	a	r	d	e	z
a	v	e	x	c	u	s	e	z
l	d	v	a	o	v	p	é	p
l	o	z	r	r	i	x	c	r
o	n	f	r	r	e	s	o	e
n	n	z	ê	i	n	g	u	n
s	e	n	t	g	s	c	t	d
z	r	a	e	e	o	c	e	s
c	u	h	b	z	h	j	h	y

Frageformen

Es gibt 2 Arten von Fragen:

- Die **Entscheidungsfrage** wird mit ja oder nein beantwortet.
  Bei der Intonationsfrage und der Frage mit est-ce que ist der Satzbau der gleiche wie im Aussagesatz (**S**ubjekt – **V**erb – **O**bjekt), bei der Inversionsfrage steht das Subjekt mit Bindestrich hinter dem Verb.

Intonationsfrage	Frage mit **est-ce que**	Inversionsfrage
Tu travailles ?	Est-ce que tu travailles ?	Travailles-**tu** ?

- Die **Ergänzungsfrage** oder **Teilfrage** erfragt ein Satzglied und wird mit einem Fragewort gebildet. Auch hier sind 3 Frageformen möglich. Bei der Intonationsfrage wird das Fragewort an den Schluss gestellt.

Intonationsfrage	Frage mit **est-ce que**	Inversionsfrage
Tu viens **quand** ?	**Quand** est-ce que tu viens ?	**Quand** viens-tu ?

Die folgenden 4 Fragen werden häufig verwechselt. Merke dir deshalb:
Fragen nach Personen beginnen mit **qui**, Fragen nach Sachen beginnen mit **que**.
Bei Fragen nach dem Subjekt, endet das Fragewort mit **qui**, bei Fragen nach dem Objekt mit **que**:

Qui est-ce **qui** est arrivé ? (wer?) – **Sébastien** arrive. (Subjekt, Person)
Qu'est-ce **qui** te plaît ? (was?) – **Le pull bleu** me plaît bien. (Subjekt, Sache)
Qui est-ce **que** tu as vu ? (wen?) – J'ai vu **Sébastien**. (Objekt, Person)
Qu'est-ce **que** tu prends ? (was?) – Je prends **le pull bleu**. (Objekt, Sache)

1 In diesem Wortkasten sind waagerecht und senkrecht 8 Fragewörter versteckt, mit denen du eine Teilfrage einleiten kannst. Schreibe sie auf die Zeilen.

p	q	u	a	n	d	o	q	e
o	y	r	n	c	k	c	u	u
u	l	t	p	o	o	ù	i	v
r	a	f	b	m	c	i	d	q
q	u	e	l	m	a	n	r	u
u	o	v	c	e	e	r	l	e
o	j	d	s	n	y	n	c	t
i	k	m	m	t	f	i	c	p
e	c	o	m	b	i	e	n	y

Frageformen

2 Ordne die Fragen und Antworten richtig zu und ergänze das Fragewort.

1. ______ est-ce que le film commence ?
2. ______ est-ce qu'on offre à Pascal pour son anniversaire ?
3. ______ est-ce que tu n'es pas venu ?
4. ______ allez-vous le week-end ?
5. ______ a préparé le repas ?

a. Nous allons chez mes grands-parents.
b. C'est moi.
c. Il commence à 8 heures.
d. Parce que je n'avais pas le temps.
e. J'ai acheté un CD pour Pascal.

3 Frage nach den unterstrichenen Satzteilen. Verwende immer die Frage mit est-ce que.

1. Nous achetons <u>un CD</u> pour l'anniversaire de Claire.

______

2. Il ne joue pas au foot <u>parce qu'il a la grippe aujourd'hui</u>.

______

3. Ils ont acheté <u>deux bouteilles</u> d'eau minérale.

______

4. <u>Carole</u> a sonné à la porte.

______

5. Ils sont allés <u>au cinéma</u>.

______

4 Formuliere die folgenden Inversionsfragen um zu Fragen mit est-ce que.

1. Que cherchez-vous ? ______
2. Où as-tu trouvé ce pull ? ______
3. Comment ont-ils fait l'exercice ? ______
4. Pourquoi êtes-vous venus ? ______

Direkte und indirekte Rede und Frage

25

1 Lies den Dialog zwischen Sophie und Anne. Lies dann rechts, wie Sophie einer anderen Freundin erzählt, was sie von Anne erfahren hat. Ergänze anschließend die Regeln unten im Kasten.

J'ai demandé à Anne si elle connaît la nouvelle copine de Pascal. Elle m'a dit qu'il était au cinéma avec elle hier soir. Elle a aussi raconté qu'elle s'appelle Clara et qu'elle va au lycée. J'ai demandé comment Anne la trouve. Anne trouve qu'elle est bête et qu'elle n'est même pas jolie.

Wenn du darüber berichtest, was eine andere Person gesagt hat, verwendest du statt der wörtlichen Rede (le discours direct) die indirekte Rede (le discours indirect).

1. In der indirekten Rede werden **Aussagesätze** mit dem Bindewort ____________ eingeleitet, das vor einem Vokal zu ____________ verkürzt wird.
2. In der indirekten Frage fällt ____________ grundsätzlich weg.
3. **Entscheidungsfragen** werden mit dem Bindewort ____________ eingeleitet, das nur vor il/ ils zu s' verkürzt wird.
4. **Teilfragen** werden mit dem **gleichen Fragewort** wie in der direkten Rede eingeleitet.
5. Sätze in der 1. und 2. Person stehen in der indirekten Rede oft in der 3. Person. (Satz 3+4)
6. Vor que und si steht kein Komma.

Denke daran, dass die Pronomen, Verbformen und Begleiter in der indirekten Rede eventuell angepasst werden müssen:
Sarah : « **Je vais** me promener avec mon chien cet après-midi. »
> Sarah dit qu'**elle va se** promener avec **son** chien cet après-midi.

Direkte und indirekte Rede und Frage

2 Ergänze in den indirekten Fragen die Fragewörter quand, où, pourquoi, qui, comment, si.

1. Mon père veut savoir ______________ j'ai trouvé le film hier soir.
2. Pascal demande au prof ______________ les correspondants vont arriver.
3. Le gendarme m'a demandé ______________ j'habite.
4. Tu peux me dire ______________ le prof de maths est là demain ?
5. Explique-moi ______________ tu n'as pas fait tes devoirs.
6. Dis-moi ______________ a cassé cette assiette.

3 Luc schickt seinem Freund eine E-Mail, weil er nicht am Schulausflug teilnehmen kann. Pascal erzählt den Freunden, was Luc geschrieben hat. Ergänze die Sätze. Achte dabei besonders darauf, die Pronomen und Verbformen anzupassen (Personalpronomen und Possessivpronomen).

Salut Pascal

Salut Pascal,
je ne peux pas aller à l'excursion avec vous. J'ai eu un accident. Maintenant j'ai mal à la jambe et je ne peux pas marcher. Mon père a déjà informé notre prof. Quand est-ce que vous rentrez de l'excursion ? Est-ce que tu peux venir ce soir chez moi ? J'ai une question sur les devoirs de maths.
À bientôt, Luc

1. Luc dit qu'il ____

____.

2. Il raconte ____.
3. Il dit ____.
4. et ____.
5. Il explique ____

____.

6. Il veut savoir ____.
7. Il me demande ____.
8. Il dit ____

____.

Relativsätze 26

1 Kannst du die folgenden Rätsel lösen? Schreibe das richtige Wort in die Lücke.

un chat · un billet · les vacances · l'aéroport · le marché · un professeur

Qu'est-ce que c'est ?

1. Un endroit où on va pour prendre l'avion : ____________
2. Une personne qui travaille dans une école : ____________
3. Une période que tous les élèves aiment bien : ____________
4. Un animal qui mange des souris : ____________
5. Un endroit où on peut acheter des fruits et des légumes : ____________
6. Un document qu'il faut acheter pour prendre le train ou le bus : ____________

Die unterstrichenen Textstellen in den Rätseln sind **Relativsätze.** Sie geben zusätzliche Informationen zum Substantiv , das ihnen vorausgeht (Bezugswort). Relativsätze beginnen mit einem Relativpronomen oder mit einer Präposition + Relativpronomen.
Die folgenden Sätze zeigen die verschiedenen Relativpronomen und ihre Verwendung:
Tout le monde aime **Luc**. (Objekt) – Luc est le copain **que** tout le monde aime.
Luc est très sportif. (Subjekt) – Luc est un copain **qui** est très sportif.
Je travaille souvent **avec Luc**. (Ergänzung mit Präposition) - Luc est un copain **avec qui** je travaille souvent.
Tout le monde parle **de Luc**. (Ergänzung mit de) – C'est le copain **dont** tout le monde parle.
Luc habite **dans cette maison**. (Ortsangabe) – C'est la maison **où** Luc habite.

In Relativsätzen richten sich Adjektive nach dem Bezugswort vor dem Relativsatz.
C'est **une école** qui est très grand**e**.
Wenn der Relativsatz im Passé composé steht, richtet sich das Partizip nach dem Bezugswort.
C'est **la fille** que j'ai rencontr**ée** hier. Ce sont **les photos** que j'ai pris**es** pendant les vacances.
Es gibt auch Relativsätze ohne direktes Bezugswort. Sie werden durch die Relativpronomen ce qui und ce que eingeleitet.
Ma copine m'a raconté **ce qui** s'est passé à l'école.
Pascal a oublié **ce que** sa mère lui a dit.

Das Relativpronomen que wird vor einem Vokal zu qu' verkürzt, qui wird dagegen immer ausgeschrieben.

Relativsätze

2 Ergänze die Sätze mit qui, que, ce que oder ce qui.

Je ne suis pas content de l'argent de poche ______ (1) ma mère me donne. Avec cette somme, je ne peux pas faire ______ (2) je veux. Mais quand je dis à grand-mère ______ (3) je n'ai plus d'argent, elle me donne la somme ______ (4) il me faut. Alors je peux acheter ______ (5) me plaît. Ce sont surtout les vêtements ______ (6) j'adore. Hier j'ai montré à ma mère un pull ______ (7) j'ai acheté en ville. Ma mère disait seulement : « C'est grand-mère ______ (8) t'a donné l'argent ? »

3 Ergänze die Hauptsätze mit dem richtigen Relativsatz.

1. Au collège il y a quatre classes
2. À midi, beaucoup d'élèves vont à la cantine
3. Les élèves vont à la bibliothèque du collège
4. Au CDI il y a aussi des CD

a. où ils mangent.
b. qu'on peut écouter.
c. qui s'appelle CDI.
d. qui s'appellent la sixième, la cinquième, la quatrième et la troisième.

4 Hier einige Tipps für den Parisbesuch. Verbinde die beiden Sätze und verwende dabei einen Relativsatz.

1. À la réception de l'hôtel, on vous donne les adresses. Vous cherchez les adresses.
   À la réception de l'hôtel, on vous donne les adresses que vous cherchez.
2. Montez au troisième étage de la tour Eiffel. Au troisième étage on a une belle vue sur Paris.
   ______
   ______
3. Achetez le Pariscope. Le Pariscope vous donne le programme pour une semaine.
   ______
   ______
4. Circulez à pied dans le quartier. Vous voulez découvrir le quartier.
   ______

1 Beantworte die Fragen verneint, verwende dabei: plus, personne, pas du tout, rien, pas encore, pas.

1. Tu as déjà fait les devoirs de maths ? ______
2. Ta sœur joue toujours du piano ? ______
3. Tu as trouvé ton cahier et tes livres ? ______
4. Tu connais quelqu'un dans cette classe ? ______
5. Tu aimes les maths ? ______
6. Tu bois du café ? ______

2 Formuliere Anweisungen und verwende dabei Imperative.

1. Pascal doit faire ses devoirs. ______
2. Les élèves doivent corriger les phrases. ______
3. Ton copain doit te donner son cahier. ______
4. Les copains doivent se lever. ______
5. Ton frère doit se dépêcher. ______

3 Formuliere die Fragen zu den vorgegebenen Antworten. Die unterstrichenen Satzteile helfen dir dabei.

1. ______ ?

Le film commence à huit heures.

2. ______ ?

Je n'ai pas fait mes devoirs parce que j'étais malade.

3. ______ ?

C'est papa qui a rangé la cuisine.

4. ______ ?

J'ai trouvé un très beau pull.

Test 9

4 Formuliere die direkte Rede um in indirekte Rede.

1. Pascal : « Sophie, comment est-ce que tu as trouvé le concert au Rex ? »

   Pascal veut savoir ____________________

2. Corinne : « Pardon monsieur, à quelle heure est-ce que nous partons pour l'excursion ? »

   Corinne demande ____________________

3. Luc : « Est-ce que le prof de maths est malade aujourd'hui ? »

   Luc veut savoir ____________________

4. Virginie : « Je n'ai pas compris le devoir d'allemand. »

   Virginie dit ____________________

5. Le prof : « Pourquoi n'as-tu pas fait tes devoirs, Virginie ? »

   Le prof demande ____________________

★ 5 Ergänze die fehlenden Relativpronomen.

1. Un bureau de tabac est un magasin __________ on peut acheter des cigarettes.
2. Un journaliste est une personne __________ travaille pour un journal.
3. Le football est un sport __________ beaucoup de Français aiment.
4. Un gymnase est un bâtiment __________ on fait du sport.

★ 6 Formuliere den zweiten Satz zu einem Relativsatz um.

1. Voilà le bureau. Mon père travaille dans ce bureau.

   Voilà le bureau ____________________

2. Voilà mon copain. Il sait jouer du piano.

   Voilà mon copain ____________________

3. Voilà le vélo. Nous avons acheté le vélo hier.

   Voilà le vélo ____________________

4. Voilà la copine. Pascal parle tout le temps de la copine.

   Voilà la copine ____________________

Zahlen

1 Die Zahlen bis 100. Verbinde das Zahlwort links mit der richtigen Zahl rechts.

1. quatre-vingt-quatorze	a. 77
2. trente-cinq	b. 99
3. quatre-vingt-neuf	c. 51
4. soixante-dix-sept	d. 35
5. cinquante et un	e. 94
6. quatre-vingt-dix-neuf	f. 89

Die Zahlen bis 100

- Ab der Zahl 17 werden die Zahlwörter aus 2 Elementen zusammengesetzt (dix-sept, vingt-deux), die mit Bindestrich verbunden sind.
- Nur die Zahl 1 wird bis 61 mit et angeschlossen (vingt **et** un, trente **et** un).
- Für die Zahlen 70, 80 und 90 gibt es kein eigenes Zahlwort. Diese zusammengesetzten Zahlwörter musst du dir deshalb besonders gut einprägen.

70 soixante-dix	80 quatre-vingt**s**	90 quatre-vingt-dix
71 soixante et onze	81 quatre-vingt-un	91 quatr e-vingt-onze
72 soixante-douze	82 quatre-vingt-deux	92 quatre-vingt-douze

Die Zahlen von 100 bis 1.000.000

- Glatte Hunderter bekommen ein Plural-s: trois cent**s** (300) – aber trois cent dix (310).
- Mille (1000) ist immer unveränderlich: trois mille (3000).
- Million hat im Plural immer ein -s: deux million**s** deux cent mille deux cents (2.200.200).
- Million wird wie eine Mengenangabe betrachtet (vgl. Kap. 30), nachfolgende Substantive werden daher mit de angeschlossen: trois millions **d'**euros, deux millions **d'**habitants. Das de entfällt, wenn eine weitere Zahl folgt: deux millions trois cent mille habitants.

Die Ordnungszahlen

Du bildest die Ordnungszahlen, indem du an die Grundzahl die Endung -ième anhängst. Wenn die Zahl auf -e endet, dann entfällt dieses -e bei der Ordnungszahl:

deux – le/ la deuxième	onze – le/ la onzième (kein Apostroph!)
vingt et un – le/ la vingt et unième	soixante-dix – le/ la soixante-dixième
deux cent – le/ la deux centième	mille – le/ la millième

Ausnahme: le premier/ la première – *der/ die erste*, le second/ la seconde – *der/ die zweite*.

Wichtige Bruchzahlen

un demi – 1/2 un tiers – 1/3 un quart – 1/4

Alle weiteren Bruchzahlen werden mit den Ordnungszahlen gebildet: un cinquième – 1/5.

Auf der Seite 120 findest du eine Übersicht über die Grund- und Ordnungszahlen.

Zahlen

2 Wie lauten diese Zahlen? Schreibe die Zahl in Worten in die Kästchen.

91: □□□□□□□□□□□□□□□□□ 16: □□□□□

6: □□□ 30: □□□□□□

44: □□□□□□□□□□□□□□□

80: □□□□□□□□□□□□□ 13: □□□□□□

70: □□□□□□□□□□□□ 50: □□□□□□□□□

75: □□□□□□□□□□□□□□□

3 Lies den folgenden Text und teste anschließend, ob du die richtigen Informationen aus dem Text entnehmen kannst, indem du die passende Zahl ankreuzt.

La plus grande ville de France c'est, bien sûr, Paris avec ses deux millions cent cinquante-deux mille habitants. Dans toute la région parisienne vivent neuf millions six cent mille personnes. À Roissy, le plus grand aéroport du pays, il y a trente-huit millions sept cent mille passagers par an. Le métro par contre a trois cent soixante-sept millions de voyageurs par an. Le monument le plus célèbre de Paris est la tour Eiffel avec six millions trois cent soixante et onze mille visiteurs par an. Pour y monter à pied, il faut prendre mille six cent soixante-cinq marches.

1. Paris hat
   - a. 2.520.000
   - b. 2.152.000
   - c. 2.250.000

   Einwohner.

2. Im Großraum Paris wohnen
   - a. 6.900.000
   - b. 9.006.000
   - c. 9.600.000

   Menschen.

3. Der Flughafen Roissy hat jährlich
   - a. 38.007.000
   - b. 380.700.000
   - c. 38.700.000

   Passagiere.

4. Jährlich fahren
   - a. 367.000.000
   - b. 367.000
   - c. 377.000

   Menschen mit der Métro.

5. Der Eiffelturm hat jedes Jahr
   - a. 6.361.000
   - b. 6.611.000
   - c. 6.371.000

   Besucher.

6. Wer zu Fuß auf den Eiffelturm steigt, muss
   - a. 1665
   - b. 6105
   - c. 1165 Stufen

   überwinden.

Zeit- und Ortsangaben, Präpositionen

28

Präpositionen sind unveränderliche Wörter. Sie bezeichnen einen Bezug zu anderen Wörtern oder Wortgruppen. Dieser Bezug kann sein:

- örtlich
- zeitlich
- der Art und Weise.

Einige Präpositionen können im Deutschen sehr unterschiedliche Bedeutungen haben.
Je fais un voyage **en France.** (***nach*** *Frankreich*) J' y vais **en été.** (***im*** *Sommer*)
Je voyage **en autobus** (***mit*** *dem Bus*) et je voyage **en groupe.** (***in*** *einer Gruppe*)

1 **Präpositionen bei Ortsangaben.** Unterstreiche im folgenden Text alle Präpositionen. Ordne sie dann der passenden Übersetzung zu. Zu einer deutschen Übersetzung können mehrere französische Entsprechungen passen.

Pierre habite maintenant à Strasbourg. Aujourd'hui, c'est sa première journée au collège. Il va dans la salle de sa classe et s'installe à une table libre. La table se trouve devant le tableau. Il met ses livres sur la table. Le garçon derrière Pierre est sympa...

in/ im ____________ ____________ ____________

an ____________

auf ____________

vor ____________

hinter ____________

2 **Präpositionen bei Zeitangaben.** Ordne die folgenden Zeitangaben richtig zu.

1. à dix heures
2. au printemps
3. vers midi
4. pendant les vacances
5. en quatre heures
6. pour trois mois
7. avant le 12 octobre
8. après les vacances
9. il y a un an
10. dans deux heures
11. jusqu'à la fin
12. depuis un an

a. im Frühling
b. in 2 Stunden (von jetzt an)
c. seit einem Jahr
d. um 10 Uhr
e. nach den Ferien
f. vor einem Jahr
g. bis zum Ende
h. gegen 12 Uhr
i. vor dem 12. Oktober
j. 3 Monate lang
k. innerhalb von 4 Stunden
l. während der Ferien

Zeit- und Ortsangaben, Präpositionen

3 Setze die richtige Präposition in den Satz ein. Du kannst jede Präposition **zweimal** verwenden.

dans après derrière depuis à en

1. Pour trouver une bonne place, il ne faut pas venir ________ 19 heures.
2. Il est allé ________ sa chambre.
3. Nous habitons ________ Paris ________ deux mois.
4. Ma sœur est née ________ 1995.
5. Je suis rentré tout de suite ________ le cinéma.
6. ________ notre maison, nous avons un petit jardin.
7. Il a passé les vacances ________ Angleterre.
8. Tu peux venir chez moi ________ 10 heures ?
9. Il est dans notre classe ________ le mois de novembre.
10. Les vacances commencent ________ deux semaines.
11. La poste se trouve juste ________ l'église.

4 Rekonstruiere die folgenden Sätze und unterstreiche die Präpositionen.

1. à | vais | au | été, | je | En | vélo. | collège |

____

2. se | mairie. | minutes | trouve | poste | deux | La | à | la | de |

____

3. en | a | minutes. | fait | vingt | l'exercice | Il |

____

4. dans | sa | Ma | une | sœur | est | avec | chambre | copine. |

____

5. à | les | suis | rentré | maison. | cours, | Après | je | la |

____

6. Il | deux | dans | notre | depuis | mois. | est | classe |

____

Teilungsartikel

29

Der Teilungsartikel ist eine Sonderform des unbestimmten Artikels (vgl. Kap. 1).
Er wird immer dann verwendet, wenn keine konkreten Angaben über eine Menge gemacht werden. Der Teilungsartikel wird gebildet aus de + bestimmter Artikel und hat folgende Formen: du, de la, de l', des.
Im Deutschen steht an der Stelle kein Artikel:
Je mange **des** frites. - *Ich esse Pommes.*
J'achète **du** lait. - *Ich kaufe Milch.*

Willst du eine Menge oder ein bestimmtes Produkt angeben, verwendest du entweder den bestimmten oder unbestimmten Artikel, eine Zahl oder eine Mengenangabe mit de (vgl. Kap. 30): Je prends **une** baguette. Elle coûte combien, **la** baguette ?

Wird ein Satz mit Teilungsartikel verneint, so steht statt des Teilungsartikels nur noch de.
Je ne mange pas **de** frites. (vgl. Kapitel 30)

1 Unterstreiche im Text alle Begriffe mit einem Teilungsartikel (insgesamt 11).

C'est samedi après-midi. Pascal et ses amis veulent faire des crêpes. Ils regardent dans la cuisine.

Pascal : Il y a des œufs et du beurre. Qu'est-ce qu'il faut encore pour faire des crêpes ?

Nadine : Nous devons encore acheter de la farine, du sucre et du lait. Allez, on va au supermarché.

Pascal : Il nous faut aussi quelque chose à boire. Achetons de la limonade et de l'eau minérale.

Nadine : Prenons aussi de la confiture et de la crème chantilly pour la garniture.

2 Jede der folgenden Wortgruppen enthält einen Begriff, der nicht dazu passt. Unterstreiche ihn.

1. du vin – de la limonade – du pain – de l'eau minérale – du café *kein Getränk*
2. des frites – du fromage – de la charcuterie – du pain – des stylos
3. du beurre – de la farine – des œufs - des timbres - du sucre
4. de la salade – des artichauts – des tomates – de la viande – des fruits
5. de la sauce - du riz – des pâtes – des pommes de terre – des frites
6. des cahiers – de l'eau – des livres – des gommes – de la colle

Teilungsartikel

3 Setze im folgenden Gespräch den Teilungsartikel ein.

C'est l'anniversaire de Léa. Elle prépare une fête avec son frère Daniel.

1. **Léa :** Tu pourrais aller au supermarché avec maman et acheter ______ boissons.
2. **Daniel :** Qu'est-ce qu'on prend ? Tu veux ______ coca ?
3. **Léa :** Oui, et achetez aussi ______ limonade et ______ eau minérale.
4. **Daniel :** Tu vas faire ______ sandwichs pour ce soir ?
5. **Léa :** Oui, il me faut ______ beurre, ______ jambon et ______ fromage.
6. **Daniel :** Et comme dessert, on pourrait faire une mousse au chocolat.
7. **Léa :** C'est trop de travail. Prenez plutôt ______ glace ou ______ sorbets.

4 Setze le, la, les oder du, de la, des in die Lücken ein.

1. Je voudrais ______ lait. C'est combien ______ lait ?
2. Je prends aussi ______ vin rouge. Je prends ______ vin rouge à 3,80 €.
3. Je voudrais ______ pommes. Donnez-moi ______ deux grosses pommes là-bas.
4. ______ limonade est trop chère ici. On achète ______ limonade au supermarché.
5. Il me faut encore ______ fromage. Mon mari aime beaucoup ______ fromage.

5 Rekonstruiere die folgenden Sätze. Achte dabei besonders auf die Teilungsartikel.

1. sucre | café | avec | bois | ton | Tu | du | ? |

______

2. avons | de | encore | nous | Est-ce | jus | que | du | fruits | ? |

______

3. Pour | crêpes | faire | des | , | la | farine | faut | il | de | . |

______

4. minérale | de | l' | eau | tu | que | Est-ce | acheté | as | ? |

______

Mengenangaben mit *de*

30

Vergleiche Pascals Gedanken während des Einkaufens mit dem Text rechts.
Was stellst du fest?

Pascal rentre du supermarché. Il a acheté une boîte de lait, six bouteilles d'eau minérale, un pot de confiture, 200 g de fromage, un sachet de pommes de terre et un paquet de farine.

Pascal wusste zunächst noch nicht, welche Menge an Lebensmitteln er einkaufen würde.
Er hat deshalb in Gedanken den **Teilungsartikel** (vgl. Kap. 29) verwendet.
Als Pascal nach Hause kommt, hat er von jedem Lebensmittel eine bestimmte Menge eingekauft, z.B. une boîte de lait, un paquet de farine. Nach Mengenangaben verwendest du im Französischen **de**.
Nach einer Verneinung steht kein Teilungsartikel, sondern nur de.
Mon père ne boit pas **de** vin. À la boulangerie, il n'y avait plus **de** croissants.
In einem verneinten Satz mit dem Verb être wird jedoch immer der Teilungsartikel verwendet: Ce n'est pas **de la** limonade, c'est **du** vin.

1 Ordne den folgenden Mengenangaben die deutsche Bedeutung zu.

1. un pot de
2. beaucoup de/ trop de
3. (un) peu de
4. assez de
5. un paquet de
6. un grand nombre de
7. tant de
8. une douzaine de
9. un sachet de
10. une boîte

a. (ein) wenig
b. ein Päckchen
c. genug
d. ein Dutzend
e. so viel/e
f. ein Glas/ Topf
g. eine Tüte
h. eine große Anzahl
i. eine Schachtel/ Dose
j. viel/ zu viel

Mengenangaben mit *de*

2 Schreibe aus den Waren mit den richtigen Mengenangaben einen Einkaufszettel.

lait
eau minérale
œufs
jambon
sucre
confiture
baguettes

2
3 bouteilles
200 grammes
deux litres
1 paquet
une douzaine
un pot

3 bouteilles d'eau minérale
____
____
____
____
____
____

3 Ergänze die Sätzen mit den folgenden Mengenangaben mit de.

genug — ein wenig — ein Dutzend — zu viel — viel

1. Pascal a mal au ventre, il a bu ______________ coca.
2. Marie ne peut pas venir à la piscine aujourd'hui, elle a ______________ devoirs.
3. Tu veux encore ______________ limonade, Daniel ?
4. Va au marché et achète ______________ œufs.
5. Je ne peux pas acheter le CD, je n'ai pas ______________ argent.

4 Du bist mit deinen Eltern in Frankreich. Sie schicken dich mit dem folgenden Einkaufszettel in den kleinen Laden nebenan. Was sagst du zum Verkäufer?

1 Kilo Äpfel
1 Paket Zucker
1 Liter Milch
1 Flasche Mineralwasser
1 Baguette
200 g Schinken

____
____
____
____
____
____

1

Ein französischer Supermarkt hat heute folgende Angebote. Schreibe in die Tabelle neben den Preis die Bezeichnung der Ware.

prix du kilo	fruit ou légume
un euro soixante-seize	
quatre-vingt-dix cents	
quatre-vingt-neuf cents	
sept euros quatre-vingt-dix-neuf	
soixante-quinze cents	
un euro quatre-vingt-quinze	
un euro trente-six	
un euro soixante-six	

2

Ergänze die Sätze mit den folgenden Präpositionen.

dans devant depuis avec à dans après jusqu'à à en

1. Le collège se trouve ______________ cinq minutes de notre maison.
2. Nous allons partir ______________ vacances ______________ deux semaines.
3. Mon frère est ______________ sa chambre ______________ ses copains.
4. Nous sommes ______________ Strasbourg ______________ deux mois.
5. L'arrêt du bus est juste ______________ la poste.
6. ______________ le match, nous avons pris une douche.
7. Nadine peut rester à la fête ______________ dix heures.

3

Kombiniere die folgenden Satzteile richtig.

1. En France, on boit souvent un café
2. Le matin, Christian prend toujours une douche
3. Nous sommes venus à Strasbourg
4. À l'école, mon copain a sa table juste

a. après le repas.
b. derrière moi.
c. il y a un an.
d. avant le petit déjeuner.

4 Ergänze die Sätze mit dem Teilungsartikel oder mit de.

Frank est à Lille avec une douzaine ________ (1) camarades de sa ville. Ils y passent une semaine dans ________ (2) familles françaises. Les Français ont préparé un programme avec beaucoup ________ (3) activités intéressantes. Le soir, Frank mange avec la famille de son correspondant Daniel.

Daniel : Tu veux ________ (4) coca ou ________ (5) limonade ?

Frank : J'aimerais bien un verre ________ (6) coca.

Daniel : Mes parents boivent toujours ________ (7) eau pendant les repas.

D'abord, la mère de Daniel sert une salade avec ________ (8) tomates, ________ (9) olives et ________ (10) jambon. Après, il y a ________ (11) steaks avec ________ (12) frites. Comme dessert, il y a ________ (13) yaourt.

Frank : Oh ! Vous mangez beaucoup ________ (14) choses ! Chez nous, on mange seulement ________ (15) charcuterie et ________ (16) fromage le soir.

5 Ergänze die Sätze mit den angegebenen Mengenangaben auf Französisch.

1. Au supermarché, Paul achète ________________________. (*ein Kilo Mehl*)
2. Vous prenez ________________________? (*ein Glas Wein*)
3. Non merci, je ne bois ________________________. (*keinen Wein*)
4. Mon petit frère mange ________________________. (*zuviel Schokolade*)
5. Tu peux me donner ________________________. (*eine Flasche Mineralwasser*)
6. Je n'ai pas ________________________ pour aller au cinéma. (*genug Geld*)
7. M. Fabre a ________________________. (*viel Geld*)
8. mais il n'a ________________________. (*keine Freunde*)
9. Voulez-vous encore ________________________? (*ein wenig Fleisch*)
10. Je prends ________________________. (*eine Tasse Kaffee*)

Bestandsaufnahme

Übung	Lösung	mehr dazu findest du in
1.	1.a.; 2.c.; 3.c.	Kapitel 1
2.	1.c.; 2.c.; 3.b.	Kapitel 2
3.	1.b.; 2.a.; 3.c.; 4.b.	Kapitel 3
4.	1.b.; 2.a.; 3.c.	Kapitel 7 und 8
5.	1.a.; 2.c.; 3.a.	Kapitel 6, 7, 8
6.	1. Je ne peux **pas** venir.	Kapitel 22
	2. Il **va** se coucher.	Kapitel 11
	3. Je vais **m'**occuper des boissons.	Kapitel 5, 18
7.	1.a.; 2.c.; 3.b.	Kapitel 13 und 14
8.	1.a.; 2.a.; 3.c.	Kapitel 15
9.	1.b.; 2.a.; 3.a.	Kapitel 17 und 23
10.	1.a.; 2.b.; 3.b.	Kapitel 18 und 19
11.	1.b.; 2.a.	Kapitel 20
12.	1.b.; 2.a.	Kapitel 22
13.	1.a.; 2.b.	Kapitel 23
14.	1.b.; 2.a.	Kapitel 24
15.	1.c., 2.a.	Kapitel 26
16.	1.b.; 2.a.	Kapitel 27
17.	1.b.; 2.b.	Kapitel 28
18.	1.c.; 2.c.	Kapitel 29 und 30

1 Bestimmter und unbestimmter Artikel

1 1.d. – un, à la; 2.h. – des, au; 3.b. – un, à la; 4.f. – un, à la; 5.c. – un, au; 6.a. – un, à la; 7.e. – une, au; 8.g. – un, au

	maskulin vor Konsonant	feminin vor Konsonant	maskulin oder feminin vor Vokal	Plural
unbestimmter Artikel	**un**	**une**	un/ une	des
bestimmter Artikel	le	**la**	l'	les
à + bestimmter Artikel	**au**	à la	à l'	aux
de + bestimmter Artikel	du	de la	de l'	**des**

2 **A.** un atlas, un éléphant, une orange, une annonce, une idée
B. un appartement, une interview, un abricot, un instrument, un album
C. un escalier, un œuf, une armoire, une assiette, une étagère, un oignon

TIPP Präge dir besonders dieses Gegensatzpaar ein:
la lune – ***der*** *Mond* **le** soleil – ***die*** *Sonne*

3 1. un, de la; 2. une, du; 3. des, de la; 4. des

4 1. à l'école; 2. au café; 3. de la fête; 4. à l'exposé; 5. au restaurant; 6. au supermarché; 7. de la guitare; 8. à l'hôpital; 9. de la gare
Lösungswort: Éric est à la **cafétéria**.

2 Singular und Plural der Substantive

1 1. Alle Wörter enden auf -al: a. animal; b. hôpital; c. journal; d. cheval; e. principal
2. Alle Wörter enden auf -eau: a. bateau; b. bureau; c. chapeau; d. tableau; e. gâteau
3. les cheveux; 4. les cailloux

2 1. souris; 2. mois; 3. bus; 4. atlas; 5. cours; 6. pays; 7. fils

3 1. conductrice, directrice; 2. danseuse, vendeuse; 3. pâtissière; 4. chienne

4 1. animaux; 2. danseuse; 3. vendeuse; 4. gâteaux; 5. copine; 6. hôpitaux; 7. feux; 8. chanteuse; 9. journaux; 10. directrice; 11. cadeaux; 12. cheveux
Senkrechtes Lösungswort: institutrice

5

Sg. m.	Sg. f.	Pl. m. mit -s	Pl. m. mit -x	Plural = Singular
le cuisinier	la cuisinière	les cuisiniers		
le chanteur	la chanteuse	les chanteurs		
le bus				les bus
la souris				les souris
le journal			les journaux	
le pâtissier	la pâtissière	les pâtissiers		
le tableau			les tableaux	
le pays				les pays
le cheval			les chevaux	
le fils				les fils
le musicien	la musicienne	les musiciens		
le travail			les travaux	
le boulanger	la boulangère	les boulangers		
le feu			les feux	

3 Demonstrativ- und Possessivbegleiter

1 1.f.; 2.b.; 3.c.; 4.a.; 5.d.; 6.e.

		Nomen		
		m. Sg.	w. Sg.	Pl.
Besitzer	Singular	mon	**ma**	mes
		ton	**ta**	tes
		son	sa	**ses**
	Plural	notre		**nos**
		votre		vos
		leur		leurs

TIPP

Die französischen Possessivbegleiter richten sich nur nach dem nachfolgenden Substantiv, nicht aber – wie im Deutschen – auch nach dem Besitzer.

sein Fahrrad ← C'est son vélo. → ihr Fahrrad
sein Auto ← C'est sa voiture. → ihr Auto
seine Fotos ← Ce sont ses photos. → ihre Fotos

Artikel	le	la	l'	les
Demonstrativpronomen	ce	**cette**	**cet/ cette**	**ces**

2 1. votre, notre; 2. votre, notre; 3. cette, votre, nos; 4. Ce, votre, notre, notre; 5. cet, votre, notre, notre; 6. Ce, vos, ces, notre

3 1. mes; 2. ta; 3. ma; 4. ta; 5. sa; 6. ses; 7. tes; 8. mes; 9. Notre/ Mon

Test 1

1 1. un oiseau - des oiseaux; 2. une assiette - des assiettes; 3. un animal - des animaux; 4. un caillou - des cailloux; 5. un hôpital - des hôpitaux; 6. un cheval - des chevaux; 7. un atlas - des atlas; 8. un feu - des feux

2 1. une actrice; 2. une chienne; 3. une cuisinière; 4. une copine; 5. une mécanicienne; 6. une conductrice

3 1. des, à la; 2. au, au; 3. le, de la; 4. le, à la; 5. à la, aux; 6. les, Au; 7. le, au; 8. des, les, de la

4 1. sa; 2. leur; 3. son; 4. ses; 5. leurs; 6. son

5 1. au; 2. à la; 3. à l'; 4. aux; 5. au; 6. à la; 7. au

6 1. cet; 2. ce; 3. cette; 4. ces; 5. ces; 6. ce; 7. cette; 8. ce

4 Regelmäßige Verben im Präsens

1
- Où est-ce qu'on dort pendant les vacances sur la Côte d'Azur ?
- Moi, je dors sur la plage. Et toi, où est-ce que tu dors ?
- Mon copain et moi, nous dormons dans notre camping-car.
- Et Patrick, où est-ce qu'il dort ?
- Il dort à l'hôtel. Et les autres dorment à l'auberge de jeunesse. C'est moins cher.

2 1. je passe; 2. tu cherches; 3. il adore; 4. nous aimons; 5. vous montrez; 6. ils arrivent

3
1. Moi, j'attends devant la poste et vous attendez derrière la maison.
2. M. Carel vend des fruits au marché et nous vendons des légumes.
3. Julie et Pascal répondent à la question. Pourquoi est-ce tu ne réponds pas ?

4 1. jou**ent**; 2. cherch**ent**; 3 téléphon**e**; 4. cherch**ons**; 5. chant**es**; 6. jou**ez**; 7. jou**e**; 8. s'appell**e**; 9. trouv**e**; 10. Écout**e**; 11. sor**s**; 12. parl**e**; 13. demand**e**; 14. répond**s**; 15. attend**ons**

Vielleicht hast du im Satz « Je vous trouve super ! » (Lücke 9) nicht die richtige Endung gefunden. Dann erinnere dich daran, dass sich die Endung des Verbs immer nach dem Subjekt richtet. Und das Subjekt in diesem Satz ist je. Vous ist nur ein direktes Objektpronomen (vgl. Kap. 18), das vor das Verb gestellt wurde.

5

1. Wortschlange			2. Wortschlange		
Pronomen	**Verbform**	**Infinitiv**	**Pronomen**	**Verbform**	**Infinitiv**
nous	attendons	attendre	ils	répondent	répondre
il	part	partir	nous	jouons	jouer
ils	discutent	discuter	je/ il	marche	marcher
vous	fermez	fermer	vous	pensez	penser
tu	aides	aider	je/ tu	descends	descendre
ils	servent	servir	je/ tu	dors	dormir

5 Reflexive Verben

1 1. je me couche; 2. nous nous amusons; 3. il/ elle se lève;
4. ils/ elles se promènent; 5. tu te douches; 6. vous vous intéressez

7. je m'appelle; 8. il/ elle s'amuse; 9. tu t'habilles; 10. ils/ elles s'occupent

11. il ne se lave pas; 12. nous ne nous rencontrons pas; 13. je ne m'ennuie pas

2 1. me lève; 2. nous amusons; 3. se promènent; 4. se retrouve; 5. se reposent; 6. nous baignons; 7. se couchent;
Lösungswort: la Provence

3 1. ne me réveille pas; 2. ne s'intéressent pas; 3. ne s'amuse pas

4 1. m'amuse; 2. me couche; 3. s'appelle; 4. se promènent

TIPP Wenn du bei den Konjugation von se lever, se promener oder s'appeler Schwierigkeiten hattest, dann solltest du das nächste Kapitel, Kapitel 6 durcharbeiten. Es behandelt die Verben, die eine Veränderung im Stamm haben.

6 Verben mit Veränderungen im Stamm

1 1. il commence – nous commen**ç**ons; 2. il mange – nous mang**e**ons

2

	se lever	acheter	compléter	répéter
je/ j'	me l**è**ve	ach**è**te	compl**è**te	rép**è**te
tu	te l**è**ves	ach**è**tes	compl**è**tes	rép**è**tes
il/ elle/ on	se l**è**ve	ach**è**te	compl**è**te	rép**è**te
nous	nous levons	achetons	complétons	répétons
vous	vous levez	achetez	complétez	répétez
ils/ elles	se l**è**vent	ach**è**tent	compl**è**tent	rép**è**tent

Bei den Verben auf -yer (payer, essayer) kannst du das y jedoch in allen Formen beibehalten.

3 2. réfléchir – nous réfléchissons, vous réfléchissez, ils réfléchissent

4 1. achetez, achète; 2. lèves, essaie; 3. ennuie, appelle; 4. commencent, commençons;
5. mangez, mangeons; 6. répètes, répète

5 1. appe**ll**e; 2. l**è**ve; 3. prom**è**ne; 4. emm**è**ne; 5. commen**ç**ons; 6. je**tt**e; 7. essa**i**e;
8. fini**ss**ons; 9. ach**è**te; 10. mang**e**ons; 11. préf**è**re

6 je compl**è**te – j'ach**è**te – il esp**è**re – nous esp**é**rons

Lösungen

Test 2

1

1. je regard**e**
2. tu cherch**es**
3. il/ elle gagn**e**
4. nous montr**ons**
5. vous arriv**ez**
6. ils/ elles invit**ent**
7. je répond**s**
8. tu attend**s**
9. il/ elle répond
10. nous vend**ons**
11. vous attend**ez**
12. ils/ elles vend**ent**
13. je sor**s**
14. tu dor**s**
15. il/ elle ser**t**
16. nous part**ons**
17. vous sort**ez**
18. ils/ elles dorm**ent**

2

2. Non, je ne me lève pas à sept heures.
3. Non, il ne s'occupe pas de son petit frère.
4. Non, ils ne se rencontrent pas au parc.
5. Non, je ne m'appelle pas Bruno.

3

1. cherche; 2. se rencontre; 3. regardent; 4. trouves; 5. entrent; 6. s'intéresse; 7. s'occupe; 8. appelle; 9. achète; 10. paie; 11. sortent; 12. rentrent

4

1. je répète; 2. nous répétons;3. t'intéresses; 4. il se lève; 5. vous écoutez; 6. nous achetons; 7. ils réfléchissent; 8. ils complètent; 9. il achète; 10. nous commençons; 11. tu te promènes; 12. j'espère

7 *Avoir, être, aller, faire*

1

1. b.; 2. b.; 3. a.
Mon père a 45 ans, ma mère a 42 ans et moi, j'ai 13 ans.

2

	avoir	**être**
je/ j'	**ai**	**suis**
tu	as	**es**
il/ elle/ on	**a**	est
nous	**avons**	**sommes**
vous	avez	êtes
ils/ elles	**ont**	**sont**

3

	aller	**faire**
je/ j'	**vais**	fais
tu	**vas**	**fais**
il/ elle/ on	**va**	**fait**
nous	allons	**faisons**
vous	**allez**	**faites**
ils/ elles	**vont**	**font**

4 1. sont; 2. ont; 3. vont; 4. ont; 5. ont; 6. sont; 7. ont

5 1. est, fait (être – faire); 2. as (avoir); 3. a (avoir); 4. avez (avoir); 5. suis (être); 6. faisons (faire); 7. fais, vas (faire – aller)

6 1.d. as; 2.a. es; 3.b. a; 4.f. est; 5.c. êtes; 6.e. faites

Altersangaben werden in Französisch immer mit avoir gemacht.
J'**ai** 12 ans. – *Ich **bin** 12 (Jahre alt).*

8 Modalverben: *pouvoir, vouloir, devoir, préférer*

1 Salut Karine,
Encore une journée à l'école et puis une semaine de vacances en Bretagne avec toi et ta famille ! Mais je dois d'abord faire mes exercices de maths. Notre prof (il est terrible !) veut absolument écrire un test demain. Comme mes parents veulent partir demain tout de suite après l'école, il faut encore faire les valises ce soir. Quelle horreur ! Je préfère commencer les vacances sans stress. Mais mon père n'aime pas voyager le samedi.
Je vais emporter mon nouveau VTT, comme ça nous pouvons faire une excursion à Carnac. À propos, mon frère ne peut pas venir avec nous parce qu'il doit travailler la semaine prochaine.
À samedi donc, grosses bises Martine

	pouvoir	vouloir	devoir	préférer
je/ j'	peux	veux	**dois**	**préfère**
tu	peux	veux	dois	préfères
il/ elle/ on	**peut**	**veut**	**doit**	préfère
nous	**pouvons**	voulons	devons	préférons
vous	pouvez	voulez	devez	préférez
ils/ elles	peuvent	**veulent**	doivent	préfèrent

2

je/ j'	dois	peux	veux
tu	dois	peux	veux
il/ elle/ on	veut	peut	doit
nous	voulons	devons	pouvons
vous	devez	pouvez	voulez
ils/ elles	doivent	veulent	peuvent

3 1. doit, veut; 2. devons, veut; 3. doivent, veut; 4. doit, veulent; 5. peut, doit

4 1. veux; 2. peux; 3. dois; 4. devons; 5. voulons; 6. peut; 7. veut

9 Unregelmäßige Verben I

1 Kellner : Qu'est-ce que vous prenez, madame ?
Mutter : Je prends un café, et toi, Martine, qu'est-ce que tu prends ?
Martine : Corinne et moi, nous prenons un coca ?
Corinne : Et papa, qu'est-ce qu'il prend ?

1. prendre – je prends, tu prends, il prend, nous prenons, vous prenez, ils prennent

2

	é	c	r	i	v	e	z			
		l	i	s	o	n	s			
é	c	r	i	v	e	n	t			
		m	e	t	t	o	n	s		
		d	i	s	e	n	t			
d	i	s				d	i	t	e	s
	m	e	t		é	c	r	i	s	
			l	i	t					
	m	e	t	t	e	n	t			
		d	i	t						

	mettre	**dire**	**lire**	**écrire**
je/ j'	mets	**dis**	lis	écris
tu	mets	dis	lis	**écris**
il/ elle/ on	**met**	**dit**	**lit**	écrit
nous	**mettons**	disons	**lisons**	écrivons
vous	mettez	**dites**	lisez	**écrivez**
ils/ elles	**mettent**	**disent**	lisent	**écrivent**

3 1. prend; 2. met; 3. dit; 4. écrire; 5. met; 6. écrit; 7. lit

4 1. mets; 2. écrit; 3. écrivons; 4. dit; 5. comprend; 6. prenons; 7. lisons; 8. prennent; 9. met

10 Unregelmäßige Verben II

1 1.d.; 2.a.; 3.b.; 4.g.; 5.e.; 6.h.; 7.f.; 8.c.
Lösungswort: ils tiennent

2 1. je tiens, tu tiens, il/ elle tient, nous tenons, vous tenez, ils/ elles tiennent
2. j'offre, tu offres, il/elle offre, nous offrons, vous offrez, ils/ elles offrent

3

	boire	voir	connaître
je/ j'	**bois**	vois	**connais**
tu	**bois**	**vois**	**connais**
il/ elle/ on	**boit**	**voit**	connaît
nous	**buvons**	voyons	**connaissons**
vous	buvez	**voyez**	**connaissez**
ils/ elles	boivent	voient	connaissent

4 1. viens, venez, venons, vient; 2. connaissons, connais, connais; 3. bois, boire, buvons; 4. offrez, offre, offrent

5 1. la boisson : boire - nous buvons;
2. une offre : offrir - il offre;
3. la connaissance : connaître - ils connaissent;
4. une ouverture : ouvrir - tu ouvres

6 1. voir, voit, regarde; 2. vois, regarde; 3. regarde, vois

Unterscheide gut zwischen den beiden Verben voir und regarder: voir – *sehen, erkennen* und regarder - *anschauen, hinschauen, hinsehen*, aber: aller voir qn - *jnd. besuchen*.
Es heißt voir un film - *einen Film anschauen* aber regarder la télé - *fernsehen*.

Test 3

1

	avoir	être	faire	aller
ils	ont	sont	font	vont
tu	as	es	fais	vas
nous	avons	sommes	faisons	allons

2 1. nous pouvons; 2. ils doivent; 3. ils veulent; 4. nous préférons; 5. il veut; 6. je/ tu dois; 7. je/ tu peux; 8. vous devez; 9. tu préfères; 10. nous voulons

3

Infinitiv	prendre	**lire**	**dire**	**mettre**	**écrire**
je	**prends**	lis	**dis**	**mets**	**écris**
il/ elle/ on	**prend**	**lit**	dit	**met**	**écrit**
vous	**prenez**	**lisez**	**dites**	mettez	**écrivez**
ils/ elles	**prennent**	**lisent**	**disent**	**mettent**	écrivent

4 1. prenez, prends; 2. offre, offre, offrent; 3. lisez, lisons

5 1. fait; 2. apprend; 3. a; 4. prennent; 5. ont; 6. peut; 7. est; 8. a; 9. veulent; 10. connaît

6 1. ouvrent; 2. offrons; 3. offre; 4. ouvre

11 Infinitivkonstruktionen ohne Präposition

1 Luc : Bientôt, les correspondants de Stuttgart vont venir à Tours. Mais qu'est-ce qu'on va faire avec eux pendant une semaine ?
Carole : Je veux aller à la nouvelle piscine avec ma corres.
Pierre : Nous préférons faire une excursion au bord de la mer.
Marc : Nous pouvons aussi visiter quelques châteaux.
Carole : Le prof d'allemand va préparer un rallye à Tours.
Marc : Et toi, Pascal, qu'est-ce que tu veux faire avec ton correspondant ?

2 1. Je n'aime pas jouer au foot.
2. Tu ne vas pas faire tes devoirs ?
3. Nous n'allons pas partir en vacances.
4. Il ne faut pas faire les courses.

3 1. vont préparer; 2. va acheter; 3. vont apporter; 4. va préparer; 5. vais m'occuper; 6. allons faire; 7. vas acheter; 8. vais aller; 9. va préparer

4 1.c. dois; 2.d. voulons; 3.e. préfère; 4.a. dois; 5.b. peut

12 Infinitivkonstruktionen mit Präposition

1 **A.** 1.c.; 2.b.; 3.d.; 4.e. ; 5.a.; 6.f.; 7.g.
B. 1.f.; 2.e. ; 3.g.; 4.d.; 5.c.; 6.a.; 7.i.; 8.b.; 9.h.

2 1. On s'amuse à jouer de la guitare ? – Non, je n'ai pas envie de jouer de la guitare aujourd'hui.
2. Vous m'aidez à préparer le repas ? – Nous n'avons pas le temps de le préparer maintenant.
3. Tu as appris à jouer du piano ? – Oui, j'arrive déjà à jouer très bien.
4. J'ai oublié de faire mes devoirs. – Mais je peux t'aider à les faire maintenant.

3. 1. a envie de; 2. propose d'; 3. est difficile de; 4. propose de; 5. demandent de; 6. sont en train de

4. 1.d.; 2.b.; 3.a.; 4.c.

5. 1. facile; 2. arrivons; 3. apprennent; 4. temps; 5. aide; 6. offrent; 7. proposent
Senkrechtes Lösungswort: content

TIPP: Wenn du neue Verben lernst, solltest du diese immer mit der jeweiligen Präposition lernen. Du kannst dir auch ganze Wendungen beispielsweise auf eine Karteikarte schreiben, z.B. apprendre à faire qch – *lernen etw. zu tun.*

Test 4

1. 1. à; 2. de; 3. d';
4. /; 5. de; 6. /; 7. de;
8. de; 9. /; 10. à; 11. à;
12. de; 13. de; 14. à; 15. de

2. 1. vais partir; 2. allons passer; 3. vais me baigner; 4. va aller; 5. vais faire; 6. va partir; 7. vais aller; 8. vont rester; 9. vas faire

3. 2. Non, nous n'allons pas jouer au tennis.
3. Non, ils ne vont pas rester à la maison.
4. Non, il ne va pas venir à Paris.
5. Non, nous n'allons pas faire de la planche à voile.
6. Non, je ne vais pas prendre le vélo.

4. 1. Pierre a envie d'aller au cinéma.
2. Il propose à Claude de venir avec lui.
3. Mais Claude ne peut pas venir.
4. Il doit faire ses devoirs.

5. 1. va; 2. ai envie de; 3. peux, dois; 4. aide à; 5. peux

13 *Passé composé* mit *avoir*

1 1. j'ai invité; 2. tu as fait; 3. il a téléphoné, il a dit, on a joué; 4. nous avons dormi, nous avons été, nous avons pris; 5. vous avez joué; 6. ils ont attendu, ils ont gagné

2 1. faire – fait; 2. avoir – eu; 3. être – été; 4. boire – bu; 5. lire – lu; 6. mettre – mis; 7. prendre – pris; 8. ouvrir – ouvert; 9. dire – dit

TIPP Um dir die Partizipien besser merken zu können, kannst du kleine Gruppen bilden von Partizipien, die ähnlich gebildet werden, z.B. su, pu, bu, lu, voulu oder pris, mis etc.

3 1. ai dormi; 2. ai pris; 3. ont travaillé; 4. ai pris; 5. ai fait; 6. avons invité; 7. avons fait; 8. avons joué; 9. a perdu; 10. as fait

4 2. J'ai déjà fait les devoirs.
3. Nous avons déjà préparé le repas.
4. Il a déjà passé l'aspirateur.
5. Ils ont déjà joué au foot.
6. J'ai déjà mis les chaussures.

5 1. a travaillé; 2. n'a pas compris; 3. a téléphoné; 4. a fini; 5. a eu; 6. a donné; 7. a dormi

14 *Passé composé* mit *être*

1 1. f; 2. g; 3. 2f; 4. 2f; 5. f; 6. g et f/2g

Auch wenn das Subjekt je, tu, nous oder vous ist, muss in manchen Fällen das Participe passé angeglichen werden. So schreibt ein Mädchen: je suis arrivé**e**.

2 1. parti**e**; 2. disputé**es**; 3. descendu**es**; 4. retourné**s**; 5. levé**e**; 6. arrivé**s**; 7. tombé**e**; 8. réveillé**es**

3 1.e.; 2.a.; 3.d.; 4.b.; 5.c.

4 1. je suis arrivé; 2. nous sommes allé**s**; 3. nous nous sommes retrouvé**s**; 4. nous sommes monté**s**; 5. nous sommes retourné**s**; 6. je me suis levé; 7. je suis allé; 8. nous sommes parti**s**; 9. est monté**e**

TIPP Hast du in dieser Übung an alle Angleichungen gedacht? Wir haben sie hier fett hervorgehoben. Markiere sie doch auch vorne in deinem Übungsteil und überlege noch mal auf welche Subjekte sich die sechs angeglichenen Partizipien beziehen. Hast du auch bei der Nr. 3 und Nr. 6 an das Reflexivpronomen gedacht?

Test 5

1 1. arrivé; 2. venue; 3. descendus; 4. restées

2 1. t'es levé**e**; 2. me suis levé**e**; 3. s'est levé**e**; 4. nous sommes levé**es**; 5. se sont levé**s**; 6. s'est levé

TIPP Hast du in dieser Übung an alle Angleichungen gedacht? Wir haben sie hier fett hervorgehoben. Da es in den ersten zwei Sätzen um Isabelle geht, muss hier das Passé composé auch angeglichen werden.

3 2. Vous êtes parti**s** en excursion ?
3. Tes parents sont resté**s** à l'hôtel ?
4. Ta mère a lu beaucoup de livres ?
5. Ton frère a appris le tennis ?
6. Tu ne t'es pas ennuyé(**e**) là-bas ?
7. Vous êtes rentré**s** le 20 août ?

TIPP Hast du in dieser Übung an alle Angleichungen gedacht? In Satz 6 muss man, je nachdem, ob es sich hier um einen Jungen oder Mädchen handelt eine Angleichung machen oder nicht, daher haben wir sie in Klammern gesetzt!

4 1. montés; 2. tombé; 3. regardé; 4. restée; 5. arrivées; 6. sorti

5 1. a organisé; 2. a préparé; 3. sont arrivés; 4. ont parlé; 5. ont pris; 6. ont fait; 7. ont commencé; 8. ont joué; 9. sont partis; 10. est restée; 11. a aidé; 12. ont discuté; 13. est partie; 14. est allée

15 *Imparfait*

1

Infinitiv	1. Pers. Pl. Präsens	Imparfait
partir	nous partons	je **partais**
prendre	nous prenons	tu **prenais**
parler	nous parlons	tu **parlais**
ouvrir	nous ouvrons	ils **ouvraient**
choisir	nous choisissons	vous **choisissiez**
faire	nous faisons	il **faisait**
venir	nous venons	nous **venions**
boire	nous buvons	je **buvais**

2 nous passions; ils allaient; vous étiez; je/ tu sortais

3 **Senkrecht:** 1. tu étais; 3. vous commenciez; 5. je nageais; 7. il était; 9. vous étiez
Waagerecht: 2. il commençait; 4. nous nagions; 6. ils étaient

4 1. étaient; 2. vivaient; 3. n'avait pas; 4. écoutait; 5. avait; 6. n'existaient pas encore; 7. allais; 8. habitais; 9. me promenais; 10. regardais

16 *Imparfait* oder *Passé composé*

1

Verbform	Beschreibung Zustand	Gewohnheit Wiederholung	einmalige, neue Handlung
Pierre **attendait**	X		
on lui **a volé**			X
il ne **pouvait** pas voir	X		
Luc **faisait**		X	
Pierre **est rentré**			X
tu **n'es pas allé**			X
il **m'est arrivé**			X
je **voulais** acheter	X		
quelqu'un **a volé**			X

2 1. est rentré, était; 2. préparait, est entré; 3. prenaient, a sonné; 4. a regardé, avait; 5. se sont installés, était; 6. est resté, avait

TIPP Hast du die Zeiten richtig gewählt? Wenn nicht, hier noch mal im Überblick die Erklärung für jede Zeit:
1. est rentré - neue Handlung (Auslöser: quand), était - Beschreibung
2. préparait - Beschreibung, est entré - neue Handlung (Auslöser: quand)
3. prenaient - Beschreibung (Auslöser: pendant), a sonné - neue Handlung
4. a regardé - neue Handlung, avait - Beschreibung, Zustand
5. se sont installés - neue Handlung, était - Beschreibung
6. est resté - neue Handlung, avait - Beschreibung, Zustand

3 1. vivaient; 2. était; 3. regardait; 4. a gonflé; 5. a commencé; 6. a été; 7. a appelé; 8. a eu; 9. a fait

TIPP Hast du die Zeiten richtig gewählt? Bei Nr. 1-3 muss das Imparfait stehen, weil hier die Beschreibung eines Zustandes stattfindet. Bei der Nr. 1 findest du einen Auslöser für das Imparfait: depuis des années. Nr. 2 und 3 sind dagegen die Beschreibung der Hintergrundumstände für die Handlung, die danach einsetzt. Bei der Nr. 4-9 geht es dagegen um die eigentliche Handlung. Hier finden sich daher auch z.T. klassische Auslöser für das Passé composé: tout à coup (Nr. 4, 5), tout de suite (Nr. 7) oder das konkrete Datum + die Angabe son **premier** vol, die auf eine einmalige, neue Handlung hinweisen.

Test 6

1 2. avions; 3. travaillait; 4. finissait; 5. étais; 6. sortaient

2 1. étais; 2. passions; 3. dormais; 4. me suis réveillé; 5. a crié; 6. était; 7. ai dit; 8. s'est levée; 9. avait; 10. suis allé; 11. ai ouvert; 12. ai compris; 13. dormait; 14. avait

3

infinitif	imparfait	passé composé
attendre	**j'attendais**	**j'ai attendu**
comprendre	nous comprenions	**nous avons compris**
dire	**il disait**	il a dit
préparer	**il préparait**	**il a préparé**
offrir	ils offraient	**ils ont offert**
réfléchir	**tu réfléchissais**	tu as réfléchi
dormir	**vous dormiez**	**vous avez dormi**
s'amuser	elle s'amusait	**elle s'est amusée**
mettre	**nous mettions**	**nous avons mis**

4 1. pleuvait, sommes parti**s**; 2. a expliqué, comprenait; 3. étions, sommes allé**s**; 4. jouait, a fait; 5. faisais, est arrivé**e**; 6. a sonné, dormais; 7. était, est arrivé; 8. sommes allé**s**, faisait

TIPP: Denke noch mal daran, dass bei allen Verben, die das Passé composé mit être bilden, das Participe passé sich nach dem Subjekt richtet: nous sommes allé**s**, elle est arrivé**e**.

17 Subjektpronomen

1 1.d.; 2.a.; 3.c.; 4.f.; 5.e.; 6.b.

1. Pourquoi est-ce que Paul ne vient pas ce soir ?
2. Qu'est-ce que ta sœur fait dimanche ?
3. Tes parents travaillent le samedi ?
4. Est-ce que les filles mangent à la cantine ?
5. Tu as compris l'exercice d'allemand ?
6. Quand est-ce que vous venez ?

a. Elle va danser avec sa copine.
b. Nous venons à 10 heures.
c. Non, ils sont libres.
d. Parce qu'il est malade.
e. Oui, je l'ai déjà fait.
f. Non, elles rentrent à midi.

2
1. Donne-moi le ballon ! **e**
2. C'est toi qui as rangé la cuisine? **a**
3. Nous, on va en Bretagne, et eux, ils restent à Paris. **b**
4. À qui est le stylo ? À moi. **a/ c**
5. Mon frère est arrivé. Je vous présente à lui. **c**
6. Qui prépare le repas demain ? Moi. **a**
7. Tes parents partent en vacances sans toi ? **c**
8. Avec lui, on s'amuse toujours bien. **c**
9. Moi, je reste à la maison ce soir. **b**

3 1. lui; 2. moi; 3. nous; 4. Moi, toi/ vous; 5. elle; 6. lui

4 1. Elle; 2. il; 3. Ils; 4. tu; 5. Elle; 6. Je; 7. il; 8. je; 9. nous; 10. Tu; 11. Ils; 12. Nous; 13. Tu; 14. ils

5 1. Je, toi; 2. Moi; 3. Tu; 4. moi, nous; 5. vous, vous

18 Objektpronomen: direktes und indirektes Objekt

1
1. Tu cherches Nicole ? Oui, je la cherche, elle est là ?
2. Nicole promène le bébé des voisins. Elle le promène tous les jours.
3. Qu'est-ce que Paul montre à son frère ? Il lui montre sa voiture.
4. Est-ce que Martine dit bonjour à ses amis ? Oui, elle leur dit bonjour.

2
direktes Objekt: me/m'; te/t'; **le/l'**; **la/l'**; nous; vous; **les**
indirektes Objekt: me/m'; te/t'; **lui**; **lui**; nous; vous; **leur**

3
2. Je ne leur ai pas dit bonjour.
3. Tu ne veux pas les inviter ?
4. Papa ne peut pas vous conduire à l'école.
5. Vous ne m'attendez pas au café ?
6. Il ne leur a pas montré son bateau.

4 1. lui; 2. le; 3. les; 4. t'; 5. vous; 6. leur

5
2. Ne **m'**attends pas devant le cinéma.
3. Ne **lui** donne pas le cahier.
4. Ne **te** lave pas les mains.
5. Ne **me** dis pas la solution.
6. Ne **m'**appelle pas ce soir.

19 Stellung der Objektpronomen und *y/ en*

1 1.g.; 2.j.; 3.b.; 4.i.; 5.h.; 6.a.; 7.c.; 8.f.; 9.e.; 10.d.

2 2. Non, ils n'en viennent pas.
3. Non, je n'y reste pas.
4. Non, je ne te la montre pas.
5. Non, je ne vous les donne pas.

3 1.b.; 2.d.; 3.c.; 4.a.

4 1. Pascal; 2. le portable, Pascal; 3. la police; 4. les deux garçons;
5. le portable, les parents de Pascal

5 2. le cadeau - à sa mère → le - lui
3. les cahiers - au professeur → les - lui
4. ma sœur - aux copains → la - leur
5. les tickets de métro - aux élèves → les - leur

Test 7

1 2. Oui, elle est à lui.
3. Oui, elles sont à eux.
4. Oui, il est à elles.
5. Oui, ils sont à elle.
6. Oui, elle est à nous.

2 1. me les; 2. nous le; 3. te la; 4. te l'; 5. vous l'; 6. vous la

3 1. lui; 2. leur; 3. y; 4. en; 5. y; 6. y

4 1.f.; 2.a.; 3.d.; 4.b.; 5.c.; 6. e.

5 2. Je peux t'en prêter, si tu veux.
3. Je peux vous en donner, si vous voulez.
4. Je peux t'y conduire, si tu veux.
5. Je peux vous en acheter, si vous voulez.

6 1. Et toi, qu'est-ce que tu fais avec ton correspondant ?
2. Je vais au cinéma avec lui.
3. Je peux y aller avec vous ?
4. D'accord, tu nous attends à 20 heures ?
5. Et après, nous pouvons aller chez moi.

20 Form und Stellung der Adjektive

1 Martine fait du shopping avec sa copine Clara. Dans une petite boutique où il y a des jeans italiens, Clara essaye un jean rouge et Martine regarde des jupes. Une jeune vendeuse lui montre une belle jupe. Mais elle est trop chère. Clara cherche encore des chaussures blanches pour le bal à l'école. Dans le magasin à côté, elle trouve des très belles chaussures qui ne sont pas trop chères.

maskulin Singular	feminin Singular	maskulin Plural	feminin Plural
italien	italien**ne**	**italiens**	italien**nes**
rouge	rouge	rouges	rouges
cher	**chère**	chers	**chères**
blanc	blanche	blancs	**blanches**
beau/ bel	belle	beaux	**belles**
petit	**petite**	petits	petites

Unveränderlich sind marron, orange und super! Sie haben nur eine Form.

2 1. nouveau; 2. heureuses; 3. bonnes; 4. chères; 5. petit; 6. breton; 7. difficile; 8. romaines; 9. petit; 10. grande; 11. fous

3

Land	Adjektiv maskulin	Adjektiv feminin
l'Allemagne	allemand	**allemande**
la France	**français**	**française**
l'Italie	**italien**	**italienne**
l'Autriche	autrichien	**autrichienne**
L'Algérie	**algérien**	algérienne
la Bretagne	**breton**	**bretonne**

TIPP Wenn das Adjektiv die Person bezeichnet, wird es groß geschrieben:
Il est Allemand. – *Er ist Deutscher.*

4 1. blanches; 2. grandes; 3. verte, bleu; 4. nouvel; 5. nouveau, difficiles;
übrig bleibt: beau

21 Steigerung der Adjektive

1 Cette semaine, la classe de Sylvie fait un stage professionnel. Bien sûr, ce stage est plus intéressant que les cours à l'école. Sylvie travaille dans un restaurant. C'est le restaurant le plus cher de la ville. Les repas y sont meilleurs qu'à la cantine de l'école, mais ils sont aussi plus chers. Le travail de Sylvie commence plus tôt que l'école. Elle court toute la journée, et le soir elle est plus fatiguée qu'après une journée à l'école. Elle apprend beaucoup de choses. Elle sait maintenant que les verres à vin rouge sont plus grands que les verres à vin blanc. Et surtout le patron est très sympa, plus sympa que son prof de maths...

Vergleiche: plus intéressant que, meilleurs qu', plus chers, plus tôt que, plus fatiguée qu', plus grands que, plus sympa que
Superlativ: le restaurant le plus cher

2
2. Karine est aussi grande que Sylvie.
3. La Belgique est plus petite que l'Espagne./ L'Espagne est moins petite que la Belgique.
4. L'avion est plus rapide que le train. / Le train est moins rapide que l'avion.

Je nach Sichtweise, kann es hier z.T. zwei richtige Lösungen geben – siehe Nr. 3 und 4. Hast du auch an die Angleichung der Adjektive an das Substantiv gedacht: Karine - grand**e**, la Belgique/ l'Espagne - petit**e**?

3
2. Pierre est le meilleur élève de notre classe.
3. Le Louvre est le musée le plus intéressant de Paris.
4. Paris est la plus grande ville de France.

4
- Pour moi, Strasbourg est la plus belle ville de France.
- C'est vrai, mais Paris est plus important que Strasbourg.
- À Paris, on trouve les meilleurs restaurants de toute la France.
- Les restaurants les plus chers se trouvent sur les Champs-Élysées.

Test 8

1 1. vieux, plus vieille; 2. petite, la plus petite; 3. le meilleur, meilleur; 4. plus grande, la plus grande

2 1. dernières; 2. fatiguée; 3. nouvel; 4. italienne; 5. blanche; 6. vieil; 7. bête; 8. neuve; 9. vieilles; 10. nulle; 11. alsacienne
12. b.: Les oranges sont **délicieuses**.

3 1. petite; 2. français; 3. grands; 4. longues; 5. courts; 6. libres; 7. autres; 8. sympas; 9. drôle; 10. intéressants; 11. préférée; 12. bonnes

4
1. Paris est la plus belle ville de France.
2. C'est aussi la ville la plus intéressante.
3. Le plus haut monument est la tour Eiffel.
4. À Paris il y a les plus grands musées de France.
5. Le musée le plus moderne, c'est le Centre Pompidou.
6. Et les meilleurs restaurants se trouvent près de l'église de la Madeleine.

22 Verneinung

1
1.h.; 2.a.; 3.f.; 4.b.; 5.e.; 6.c.; 7.g.; 8.d.

a. Non, il n'y va pas.
b. Ils n'ont rien trouvé.
c. Je n'étais jamais au Maroc.
d. Rien ne marche à l'école.
e. Je crois qu'il n'y va plus.
f. Je n'y connais personne.
g. Personne n'a eu le temps de le préparer.
h. Je ne les ai pas encore faits.

2
1. Les maths ne m'intéressent pas du tout.
2. Je ne veux jamais passer les vacances en Espagne.
3. Pascal ne peut plus jouer au foot.
4. Personne n'a vu mon frère.
5. Nous n'avons rien trouvé pour l'anniversaire de Sylvie.

3
1. Je ne pense à rien.
2. Il ne comprend rien du tout.
3. Nous n'avons vu personne.

4
1. Je n'ai pas encore vu le nouveau film d'Astérix.
2. Je ne joue plus au foot.
3. Je n'ai pas trouvé de pull.
4. Je ne connais personne au club.
5. Personne n'a sonné à la porte.

23 Imperativ

1
1. Cherchez les verbes dans le texte.
2. Traduis les phrases.
3. Posez des questions et répondez.
4. Ne parle pas avec ton voisin.
5. Faites un dialogue et jouez-le.

2
2. Corrigez les phrases.
3. Donne-moi ton cahier.
4. Appelez-moi ce soir.
5. Finissons le travail.
6. Levez-vous.
7. Attends-les ici.
8. Dépêche-toi.

3
1. regardez; 2. Arrête; 3. Prends, viens; 4. Écoute; 5. Donne; 6. Excusez; 7. Allons; 8. Corrigez

24 Frageformen

1
quand, pourquoi, quel, comment, où, qui, que, combien

2
1.c. – Quand; 2.e. – Qu'; 3.d. – Pourquoi; 4.a. – Où; 5.b. – Qui

3
1. Qu'est-ce que nous achetons pour l'anniversaire de Claire ?
2. Pourquoi est-ce qu'il ne joue pas au foot ?
3. Combien d'eau minérale est-ce qu'ils ont acheté ?
4. Qui est-ce qui a sonné à la porte ?
5. Où est-ce qu'ils sont allés ?

4
1. Qu'est-ce que vous cherchez ?
2. Où est-ce que tu as trouvé ce pull ?
3. Comment est-ce qu'ils ont fait l'exercice ?
4. Pourquoi est-ce que vous êtes venus ?

TIPP
Die Intonationsfrage wird überwiegend in der mündlichen Sprache verwendet. Die Inversionsfrage gehört eher der gehobenen Sprache an. Sie wird allerdings in der Umgangssprache oft bei kurzen, häufig gebrauchten Fragen verwendet:
Où est-il ?

25 Direkte und indirekte Rede und Frage

1 1. que, qu'; 2. est-ce que; 3. si

2 1. comment; 2. quand; 3. où; 4. si; 5. pourquoi; 6. qui

3 1. ne peut pas aller à l'excursion avec nous.
2. qu'il a eu un accident.
3. qu'il a mal à la jambe.
4. qu'il ne peut pas marcher.
5. que son père a déjà informé notre prof.
6. quand nous rentrons de l'excursion.
7. si je peux venir ce soir chez lui.
8. qu'il a une question sur les devoirs de maths.

26 Relativsätze

1 1. l'aéroport; 2. un professeur; 3. les vacances; 4. un chat; 5. le marché; 6. un billet

2 1. que; 2. ce que; 3. que; 4. qu'; 5. ce qui; 6. que; 7. que; 8. qui

Que wird in **Lücke 3** als Konjunktion und nicht als Relativpronomen verwendet: je dis à grand-mère **que** je n'ai plus d'argent - *ich sage Großmutter, **dass** ich kein Geld mehr habe.*

3 1.d.; 2.a.; 3.c.; 4.b.

4 2. Montez au troisième étage de la tour Eiffel où on a une belle vue sur Paris.
3. Achetez le Pariscope qui vous donne le programme pour une semaine.
4. Circulez à pied dans le quartier que vous voulez découvrir.

Test 9

1 1. Je ne les ai pas encore faits.
2. Ma sœur ne joue plus du piano.
3. Je n'ai rien trouvé.
4. Je ne connais personne dans cette classe.
5. Je n'aime pas du tout les maths.
6. Je ne bois pas de café.

2 1. Fais tes devoirs.
2. Corrigez les phrases.
3. Donne-moi ton cahier.
4. Levez-vous.
5. Dépêche-toi.

3

1. À quelle heure/ Quand est-ce que le film commence ?
2. Pourquoi est-ce que tu n'as pas fait tes devoirs ?
3. Qui a rangé la cuisine ?
4. Qu'est-ce que tu as trouvé ?

4

1. comment Sophie a trouvé le concert au Rex.
2. à quelle heure ils partent pour l'excursion.
3. si le prof de maths est malade aujourd'hui.
4. qu'elle n'a pas compris le devoir d'allemand.
5. pourquoi Virginie n'a pas fait ses devoirs.

5

1. où; 2. qui; 3. que; 4. où

6

1. où mon père travaille.
2. qui sait jouer du piano.
3. que nous avons acheté hier.
4. dont Pascal parle tout le temps.

27 Zahlen

1

1.e.; 2.d.; 3.f.; 4.a.; 5.c.; 6.b.

2

91: quatre-vingt-onze; 16: seize; 6: six; 30: trente; 44: quarante-quatre; 80: quatre-vingts; 13: treize; 70: soixante-dix; 50: cinquante; 75: soixante-quinze

3

1.b.; 2.c.; 3.c.; 4.a.; 5.c.; 6.a.

28 Zeit- und Ortsangaben, Präpositionen

1

Pierre habite maintenant à Strasbourg. Aujourd'hui, c'est sa première journée au collège. Il va dans la salle de sa classe et s'installe à une table libre. La table se trouve devant le tableau. Il met ses livres sur la table. Le garçon derrière Pierre est sympa...

in/im	à, au, dans
an	à
auf	sur
vor	devant
hinter	derrière

	zeitlich	örtlich
vor	avant	devant
nach/hinter	après	derrière

2 1.d.; 2.a.; 3.h.; 4.l.; 5.k.; 6.j.; 7.i.; 8.e.; 9.f.; 10.b.; 11.g.; 12.c.

TIPP Beachte bei der Angabe der Jahreszeiten: es heißt en été, en automne, en hiver – aber: **au** printemps.

3 1. après; 2. dans; 3. à, depuis; 4. en; 5. après; 6. Derrière; 7. en; 8. à; 9. depuis; 10. dans; 11. derrière

4 1. En été, je vais au collège à vélo.
2. La poste se trouve à deux minutes de la mairie.
3. Il a fait l'exercice en vingt minutes.
4. Ma sœur est dans sa chambre avec une copine./ Ma sœur est dans une chambre avec sa copine.
5. Après les cours, je suis rentré à la maison.
6. Il est dans notre classe depuis deux mois.

29 Teilungsartikel

1 C'est samedi après-midi. Pascal et ses amis veulent faire des crêpes. Ils regardent dans la cuisine.
Pascal : Il y a des œufs et du beurre. Qu'est-ce qu'il faut encore pour faire des crêpes ?
Nadine : Nous devons encore acheter de la farine, du sucre et du lait. Allez, on va au supermarché.
Pascal : Il nous faut aussi quelque chose à boire. Achetons de la limonade et de l'eau minérale.
Nadine : Prenons aussi de la confiture et de la crème chantilly pour la garniture.

2 2. des stylos - kein Lebensmittel; 3. des timbres - kein Lebensmittel; 4. de la viande - kein Obst oder Gemüse; 5. de la sauce - keine Beilage; 6. de l'eau - ein Getränk, im Gegensatz zu den anderen Begriffen

3 1. des; 2. du; 3. de la, de l'; 4. des; 5. du, du, du; 7. de la, des

4 1. du, le; 2. du, le; 3. des, les; 4. La, de la; 5. du, le

5 1. Tu bois ton café avec du sucre ?
2. Est-ce que nous avons encore du jus de fruits ?
3. Pour faire des crêpes, il faut de la farine.
4. Est-ce que tu as acheté de l'eau minérale ?

30 Mengenangaben mit *de*

1 1.f.; 2.j.; 3.a.; 4.c.; 5.b.; 6.h.; 7.e.; 8.d.; 9.g.; 10.i.

2 deux litres de lait; une douzaine d'œufs; 200 grammes de jambon; un pot de confiture; 1 paquet de sucre; 2 baguettes

3 1. trop de; 2. beaucoup de; 3. un peu de; 4. une douzaine d'; 5. assez d'

4 **Je voudrais...**
un kilo de pommes,
un paquet de sucre,
un litre de lait,
une bouteille d'eau minérale,
une baguette
et 200 grammes de jambon.

Test 10

1

prix du kilo	fruit ou légume
un euro soixante-seize	tomates
quatre-vingt-dix cents	pommes de terre
quatre-vingt-neuf cents	carottes
sept euros quatre-vingt-dix-neuf	asperges
soixante-quinze cents	pommes
un euro quatre-vingt-quinze	oranges
un euro trente-six	pêches
un euro soixante-six	poivrons

2 1. à; 2. en, dans; 3. dans, avec; 4. à, depuis; 5. devant; 6. Après; 7. jusqu'à

3 1.a.; 2.d.; 3.c.; 4.b.

4 1. de; 2. des; 3. d'; 4. du; 5. de la; 6. de; 7. de l'; 8. des; 9. des; 10. du; 11. des; 12. des; 13. du; 14. de; 15. de la; 16. du

5 1. un kilo de farine; 2. un verre de vin; 3. pas de vin; 4. trop de chocolat; 5. une bouteille d'eau minérale; 6. assez d'argent; 7. beaucoup d'argent; 8. pas d'amis; 9. un peu de viande; 10. une tasse de café

Verben

Regelmäßige und unregelmäßige Verben

Hier kannst du die Verbformen noch einmal nachschlagen, aber auch lernen.
Da der Imperativ der 1. Person Singular bzw. Plural oder der 2. Person Plural der jeweiligen Präsensform des Verbs entspricht, wird er hier nicht gesondert aufgeführt. Es werden nur unregelmäßige Imperative erwähnt. Bei jedem Verb findest du auch die 1. Person Singular des Passé composé. Abschließend findest du auch noch wichtige Imparfait-Formen.

Die Hilfsverben *être* und *avoir*

	être	**avoir**
je/ j'	suis	ai
tu	es	as
il/ elle/ on	est	a
nous	sommes	avons
vous	êtes	avez
ils/ elles	sont	ont
Passé composé	j'ai été	j'ai eu

Verben auf *-er*

	aimer	**regarder**
je/ j'	aime	regarde
tu	aimes	regardes
il/ elle/ on	aime	regarde
nous	aimons	regardons
vous	aimez	regardez
ils/ elles	aiment	regardent
Passé composé	j'ai aimé	j'ai regardé

Verben auf *-er* mit Besonderheiten

	préférer	appeler	acheter
je/ j'	préf**è**re	appe**ll**e	ach**è**te
tu	préf**è**res	appe**ll**es	ach**è**tes
il/ elle/ on	préf**è**re	appe**ll**e	ach**è**te
nous	préf**é**rons	appe**l**ons	ach**e**tons
vous	préf**é**rez	appe**l**ez	ach**e**tez
ils/ elles	préf**è**rent	appe**ll**ent	ach**è**tent
Passé composé	j'ai préféré	j'ai appelé	j'ai acheté

	manger	commencer	payer
je/ j'	mange	commence	pa**i**e
tu	manges	commences	pa**i**es
il/ elle/ on	mange	commence	pa**i**e
nous	mang**e**ons	commen**ç**ons	payons
vous	mangez	commencez	payez
ils/ elles	mangent	commencent	pa**i**ent
Passé composé	j'ai mangé	j'ai commencé	j'ai payé

Verben auf *-dre*

	attendre	répondre	vendre
je/ j'	attends	réponds	vends
tu	attends	réponds	vends
il/ elle/ on	attend	répond	vend
nous	attendons	répondons	vendons
vous	attendez	répondez	vendez
ils/ elles	attendent	répondent	vendent
Passé composé	j'ai attendu	j'ai répondu	j'ai vendu

genauso: **entendre**

Verben

Verben auf *-ir*

	dormir	partir	sortir
je/ j'	dors	pars	sors
tu	dors	pars	sors
il/ elle/ on	dort	part	sort
nous	dormons	partons	sortons
vous	dormez	partez	sortez
ils/ elles	dorment	partent	sortent
Passé composé	j'ai dormi	je suis parti(e)	je suis sorti(e)

Verben auf *-ir* mit Stammerweiterung

	finir	réfléchir	choisir
je/ j'	finis	réfléchis	choisis
tu	finis	réfléchis	choisis
il/ elle/ on	finit	réfléchit	choisit
nous	finissons	réfléchissons	choisissons
vous	finissez	réfléchissez	choisissez
ils/ elles	finissent	réfléchissent	choisissent
Passé composé	j'ai fini	j'ai réfléchi	j'ai choisi

Unregelmäßige Verben

	aller	boire	conduire
je/ j'	vais	bois	conduis
tu	vas	bois	conduis
il/ elle/ on	va	boit	conduit
nous	allons	buvons	conduisons
vous	allez	buvez	conduisez
ils/ elles	vont	boivent	conduisent
Imperativ	Va ! Allons ! Allez !		
Passé composé	je suis allé(e)	j'ai bu	j'ai conduit

	connaître	courir	devoir
je/ j'	connais	cours	dois
tu	connais	cours	dois
il/ elle/ on	connaît	court	doit
nous	connaissons	courons	devons
vous	connaissez	courez	devez
ils/ elles	connaissent	courent	doivent
Passé composé	j'ai connu	j'ai couru	j'ai dû

	dire	dormir	écrire
je/ j'	dis	dors	écris
tu	dis	dors	écris
il/ elle/ on	dit	dort	écrit
nous	disons	dormons	écrivons
vous	dîtes	dormez	écrivez
ils/ elles	disent	dorment	écrivent
Passé composé	j'ai dit	j'ai dormi	j'ai écrit

	faire	lire	mettre
je/ j'	fais	lis	mets
tu	fais	lis	mets
il/ elle/ on	fait	lit	met
nous	faisons	lisons	mettons
vous	faites	lisez	mettez
ils/ elles	font	lisent	mettent
Passé composé	j'ai fait	j'ai lu	j'ai mis

Verben

	ouvrir	partir	pouvoir
je/ j'	ouvre	pars	peux
tu	ouvres	pars	peux
il/ elle/ on	ouvre	part	peut
nous	ouvrons	partons	pouvons
vous	ouvrez	partez	pouvez
ils/ elles	ouvrent	partent	peuvent
Passé composé	j'ai ouvert	je suis parti(e)	j'ai pu
	genauso: **offrir**		

	prendre	savoir	sortir
je/ j'	prends	sais	sors
tu	prends	sais	sors
il/ elle/ on	prend	sait	sort
nous	prenons	savons	sortons
vous	prenez	savez	sortez
ils/ elles	prennent	savent	sortent
Passé composé	j'ai pris	j'ai su	je suis sorti(e)
	genauso: **apprendre, comprendre, reprendre** etc.		

	venir	voir	vouloir
je/ j'	viens	vois	veux
tu	viens	vois	veux
il/ elle/ on	vient	voit	veut
nous	venons	voyons	voulons
vous	venez	voyez	voulez
ils/ elles	viennent	voient	veulent
Passé composé	je suis venu(e)	j'ai vu	j'ai voulu

Imparfait

	aimer	acheter	aller	appeler	attendre
je/ j'	aimais	achetais	allais	appelais	attendais

	avoir	boire	choisir	commencer	conduire
je/ j'	avais	buvais	choisissais	commençais	conduisais

	connaître	croire	devoir	dire	dormir
je/ j'	connaissais	croyais	devais	disais	dormais

	écrire	être	faire	devoir	dire
je/ j'	écrivais	étais	faisais	devais	disais

	dormir	écrire	être	faire	finir
je/ j'	dormais	écrivais	étais	faisais	finissais

	lire	manger	mettre	ouvrir	partir
je/ j'	lisais	mangeais	mettais	ouvrais	partais

	payer	pouvoir	préférer	prendre	recevoir
je/ j'	payais	pouvais	préférais	prenais	recevais

	regarder	répondre	savoir	sortir	vendre
je/ j'	regardais	répondais	savais	sortais	vendais

	venir	voir	vouloir
je/ j'	venais	voyais	voulais

Zahlen

Grundzahlen

0	zéro
1	un, une
2	deux
3	trois
4	quatre
5	cinq
6	six
7	sept
8	huit
9	neuf
10	dix
11	onze
12	douze
13	treize
14	quatorze
15	quinze
16	seize
17	dix-sept
18	dix-huit
19	dix-neuf
20	vingt
21	vingt et un/ une
22	vingt-deux
23	vingt-trois
24	vingt-quatre
25	vingt-cinq
26	vingt-six
27	vingt-sept
28	vingt-huit
29	vingt-neuf
30	trente
31	trente et un/ une
32	trente-deux
33	trente-trois
40	quarante
41	quarante et un/ une
42	quarante-deux

50	cinquante
51	cinquante et un/ une
52	cinquante-deux
60	soixante
61	soixante et un/ une
62	soixante-deux
70	soixante-dix
71	soixante et onze
72	soixante-douze
73	soixante-treize
74	soixante-quatorze
75	soixante-quinze
76	soixante-seize
77	soixante-dix-sept
78	soixante-dix-huit
79	soixante-dix-neuf
80	quatre-vingt**s**
81	quatre-vingt-un/ une
82	quatre-vingt-deux
83	quatre-vingt-trois
90	quatre-vingt-dix
91	quatre-vingt-onze
92	quatre-vingt-douze
100	cent
101	cent un/ une
102	cent deux
110	cent dix
153	cent cinquante-trois
200	deux cent**s**
210	deux cen**t** dix
300	trois cent**s**
385	trois cen**t** quatre-vingt-cinq
1000	mille
1001	mille un/ une
1140	mille cent quarante
2000	deux mille

Zahlen

Z

Ordnungszahlen

1$^{er/ (iè)re}$	le premier/ la première
2^{e}	le/ la deuxième *oder*
2$^{nd/ nde}$	le second/ la seconde
3^{e}	le/ la troisième
4^{e}	le/ la quatrième
5^{e}	le/ la cinquième
6^{e}	le/ la sixième
7^{e}	le/ la septième
8^{e}	le/ la huitième
9^{e}	le/ la neu**v**ième
10^{e}	le/ la dixième
11^{e}	le/ la onzième
12^{e}	le/ la douzième
13^{e}	le/ la treizième
14^{e}	le/ la quatorzième
15^{e}	le/ la quinzième
16^{e}	le/ la seizième
17^{e}	le/ la dix-septième
18^{e}	le/ la dix-huitième
19^{e}	le/ la dix-neuvième
20^{e}	le/ la vingtième
21^{e}	le/ la vingt et **unième**
22^{e}	le/ la vingt-deuxième
23^{e}	le/ la vingt-troisième
30^{e}	le/ la tren**ti**ème
70^{e}	le/ la soixante-dixième
71^{e}	le/ la soixante et onzième
80^{e}	le/ la quatre-vingtième
81^{e}	le/ la quatre-vingt-**unième**
90^{e}	le/ la quatre-vingt-dixième
91^{e}	le/ la quatre-vingt-onzième
97^{e}	le/ la quatre-vingt-dix-septième
100^{e}	le/ la centième

Wortliste

Hier findest du eine Liste von Wörtern, die du vielleicht noch nicht kennst, oder die du vielleicht auch nur vergessen hast!?
Substantive sind immer mit ihrem Geschlecht angegeben: **f.** für **feminin/ weiblich** und **m.** für **maskulin/ männlich.**
Wenn Substantive einen unregelmäßigen Plural haben, so haben wir die Endung hier angegeben. Ebenso findest du bei unregelmäßigen Adjektiven die Endung der weiblichen Form.
Zu den wichtigsten Verbkonjugationen findest du eine gesonderte Liste auf S. 114.
Auf S. 120 findest du auch noch eine Auflistung der Zahlen.

A

à côté – nebenan
l'abricot (m.) – Aprikose
absent – abwesend
l'accident (m.) – Unfall
acheter – kaufen
l'acteur (m.) – Schauspieler
additionner – addieren
adorer – bewundern
l'aéroport (m.) – Flughafen
âgé – alt
l'âge (m.) – Alter
agresser – angreifen
l'agriculture (f.) – Landwirtschaft
aider – helfen
aimer – mögen, lieben
l'air (m.) – Luft
aller – gehen, fahren
alsacien,-ne – elsässisch
s'amuser – sich amüsieren
l'animal, -aux (m.) – Tier
l'anniversaire (m.) – Geburtstag
annoncer – ankündigen
appeler – anrufen
s'appeler – heißen
apporter – bringen
apprendre – lernen
l'après-midi (m.) – Nachmittag
l'argent (m.) – Geld
l'argent de poche (m.) – Taschengeld
l'arrêt de bus (m.) – Bushaltestelle
arrêter – anhalten, festnehmen
arriver – ankommen
l'artichaut (m.) – Artischocke
l'ascenseur (m.) – Aufzug
l'asperge (f.) – Spargel
l'aspirateur (m.) – Staubsauger
passer l'aspirateur – staubsaugen
assez – genug, ziemlich
l'assiette (f.) – Teller
attendre – warten
au bord de la mer – am Meer, an der Küste
l'auberge de jeunesse (f.) – Jugendherberge
l'automne (m.) – Herbst
autrefois – früher, einst
l'avion (m.) – Flugzeug
avoir – haben
avoir soif – Durst haben
avoir faim – Hunger haben
avoir mal à – Schmerzen haben in

B

la bagarre – Schlägerei, Streit
se baigner – baden
la basket – Turnschuh
le basket – Basketball
le bateau – Schiff, Boot
la BD (bande dessinée) – Comic
bête – doof, dumm
la bêtise – Dummheit, Unsinn
le beurre – Butter
bientôt – bald
le billet – Eintrittskarte, Fahrschein

boire – trinken
la boisson – Getränk
la boîte – Schachtel, Dose
la boucherie – Metzgerei
le boulanger – Bäcker
la bouteille – Flasche
le bras – Arm

C

le cadeau, -x – Geschenk
le cahier – Heft
le caillou, -x – Stein
la caisse – Kasse
la campagne – Land (*im Gegensatz zu Stadt*)
la cave – Keller
le CDI (centre de documentation et d'information) – Schulbibliothek
célèbre – berühmt
chacun,-e – jede, -r
la chance – Glück
avoir de la chance – Glück haben
la (crème) chantilly – geschlagene süße Sahne
le chapeau, -x – Hut
la charcuterie – Wurst
le château, -x – Schloss
chaud – warm, heiß
la chaussure – Schuh
la cheminée – Kamin
la chemise – Hemd
cher, chère – teuer
chercher – suchen, versuchen
le cheval, -aux – Pferd
le cheveu,-x – Haar
chez – bei
le chien – Hund
choisir – (aus)wählen
le chômage – Arbeitslosigkeit
chouette – klasse, toll
le cinéma – Kino
circuler – herumgehen, unterwegs sein
le client – Kunde
la colle – Klebstoff
la colonie de vacances – Ferienlager
commencer – beginnen
compléter – ergänzen
comprendre – verstehen
le conducteur – Fahrer
conduire – fahren
la confiture – Marmelade
la connaissance – Kenntnis, Bekanntschaft
connaître – kennen
content – zufrieden
contre – gegen
par contre – dagegen
le corres(pondant) – Brieffreund
se coucher – sich hinlegen, schlafen
les cours – Unterricht
coûter – kosten
le cuisinier – Koch

D

le danger – Gefahr
dangereux, -se – gefährlich
danser – tanzen
découvrir – entdecken
dehors – draußen
demain – morgen
demander – fragen, bitten
demi – halb
la dent – Zahn
se dépêcher – sich beeilen
le/ la dernier, -ière – der/ die letzte
derrière – hinter
descendre – hinabsteigen, aussteigen
devant – vor (*örtlich*)
devoir – müssen
le devoir – Hausaufgabe
difficile – schwierig, schwer
le dimanche – Sonntag
dire – sagen
discuter – diskutieren
se disputer – sich streiten
le document – Dokument, Schriftstück
donner – geben, schenken
dormir – schlafen
se doucher – sich duschen
la douzaine – Dutzend

E

l'eau (f.) – Wasser
échanger – tauschen
l'école primaire (f.) – Grundschule
écouter – hören
écrire – schreiben
l'effort (m.) – Anstrengung
l'église (f.) – Kirche
emmener – mitnehmen

Wortliste

en face – gegenüber
l'endroit (m.) – Ort
s'énerver – sich aufregen
s'ennuyer – sich langweilen
ensemble – zusammen
envoyer – schicken
l'escalier (m.) – Treppe
essayer – versuchen
l'étagère (f.) – Regal
l'été (m.) – Sommer
l'étoile (f.) – Stern
être – sein
l'excursion (f.) – Ausflug
expliquer – erklären
l'exposé (m.) – Referat

F

la fable – Fabel
facile – leicht
faire – machen, tun
falloir – nötig sein
la farine – Mehl
fatigué – müde
le fauteuil – Sessel
fermer – schließen
la fête – Fest
le feu, -x – Feuer, Ampel
le fils – Sohn
finir – beenden
la forêt – Wald
fou, folle – verrückt
froid – kalt

G

gagner – gewinnen
la gare – Bahnhof
la garnison – Garnison
le gâteau, -x – Kuchen
les gens – Leute
gentil, -le – nett
la glace – Eis
la gomme – Radiergummi
grandir – wachsen
gros, -se – dick, groß
le gymnase – Sporthalle

H

s'habiller – sich kleiden
l'habitant (m.) – Einwohner
habiter – wohnen
l'histoire (f.) – Geschichte
l'hiver (m.) – Winter
l'hôpital, -aux (m.) – Krankenhaus
l'horreur (f.) – Horror

I

l'image (f.) – Bild
important – wichtig, bedeutend
s'installer – sich setzen
l'instituteur – Lehrer (an der école primaire)
s'intéresser – sich interessieren
l'interro(gation) (f.) – Klassenarbeit
l'interview (f.) – Interview
l'invitation (f.) – die Einladung
inviter – einladen, auffordern

J

la jambe – Bein
le jambon – Schinken
le jardin – Garten
le jeu, -x – Spiel
jeune – jung
joli – hübsch
jouer – spielen
le journal, -aux – Zeitung
la jupe – Rock

L

le lait – Milch
laver – waschen
se laver – sich waschen
la légume – Gemüse
le lendemain – der nächste Tag
se lever – aufstehen
la librairie – Buchhandlung
lire – lesen
le lit – Bett
le livre – Buch
longtemps – lange
le lundi – Montag
le lycée – Gymnasium

M

le magasin – Laden
la main – Hand
maintenant – jetzt
malade – krank
manger – essen
le manteau, -x – Mantel
la marche – Stufe

marcher – gehen, marschieren
le match (de foot) – (Fußball-) Spiel
la matière – Schulfach
le mercredi – Mittwoch
mettre – setzen, stellen, legen
mignon, -ne – niedlich
moche – hässlich
le mois – Monat
la montgolfière – Heißluftballon
monter – hinaufsteigen, einsteigen
montrer – zeigen
le monument – Bauwerk, Denkmal

N

le nez – Nase
la nuit – Nacht
nul, -le – miserabel

O

s'occuper – sich kümmern
l'œuf [œf], les œufs [ø] (m.) – Ei
l'offre (f.) – Angebot
l'oignon (m.) – Zwiebel
l'oiseau, -x (m.) – Vogel
l'oncle (m.) – Onkel
l'ordinateur (m.) – Computer
l'oreille (f.) – Ohr
organiser – organisieren
l'ouverture (f.) – Öffnung, Eröffnung
ouvrir – öffnen

P

le pantalon – Hose
la papeterie – Schreibwarengeschäft
parler – sprechen
partir – weggehen
le passager – Passagier
passer – vorbeigehen, verbringen
les pâtes – Nudeln, Teigwaren
le pâtissier – Konditor
la pâtisserie – Konditorei
le patron – Chef
payer – bezahlen
le pays – Land
le paysan – Bauer
la pêche – Pfirsich, Fischerei
aller à la pêche – angeln gehen
pendant – während
penser – denken
la période – Zeitraum
la pharmacie – Apotheke
la phrase – Satz
le pied – Fuß
à pied – zu Fuß
la piscine – Schwimmbad
plaire – gefallen
la planche à voile – Surfbrett
faire de la planche à voile – surfen
pleuvoir – regnen
plutôt – lieber, eher
le portable (téléphone portable) – Handy
le porte-monnaie – Geldbeutel
poser – stellen
le pot – Glas, Topf
pouvoir – können
préférer – bevorzugen
prendre – nehmen
préparer – vorbereiten
présenter – vorstellen
prêter – verleihen
le principal – Schulleiter
le printemps – Frühling
prochain, -e – nächste, -r
professionnel – beruflich
promener – spazieren führen
se promener – spazieren gehen
proposer – vorschlagen

Q

la question – Frage
quitter – verlassen

R

raconter – erzählen
ranger – aufräumen
rapide – schnell
réfléchir – nachdenken
regarder – sehen, schauen
remplir – füllen
se rencontrer – sich treffen
rendre – zurückgeben
rénover – renovieren
rentrer – zurückkommen
réparer – reparieren

Wortliste

le repas – Essen, Mahlzeit
répéter – wiederholen
répondre – antworten
rester – bleiben
le retard – Verspätung
retourner – zurückkehren
se retrouver – sich treffen
se réveiller – aufwachen
le riz – Reis
le Romain – Römer

S

le sachet – Tüte
sage – brav
savoir – wissen, können
la semaine – Woche
servir – bedienen, servieren
seulement – nur
le shopping – Einkaufsbummel
le soir – Abend
la solution – Lösung
sonner – klingeln, läuten
le sorbet – Fruchteis, Sorbet
sortir – ausgehen, hinausgehen
la souris – Maus
sous – unter
souvent – oft
le square – Grünanlage
le stade – Stadion
le stage – Praktikum
le stylo – Füller
le sucre – Zucker
la surprise – Überraschung
surtout – besonders, vor allem
le surveillant – Aufsichtsperson

T

le tableau, -x – Tafel, Gemälde
tard – spät
téléphoner – telefonieren
tenir – halten
la tente – Zelt
le terrain de camping – Campingplatz
terrible – schrecklich
la tête – Kopf
le ticket – Fahrkarte
le timbre – Briefmarke
tomber – stürzen, fallen
tôt – früh
toujours – immer
tout à coup – plötzlich
tout de suite – sofort
tout le monde – alle
traduire – übersetzen
le train – der Zug
travailler – arbeiten
trouver – finden

V

la valise – Koffer
vendre – verkaufen
venir – kommen
venir de faire qc – gerade etw. gemacht haben
le ventre – Bauch
le verre – Glas
le vêtement – Kleidungsstück
la viande – Fleisch
la vie – Leben
vieux, vieille – alt
le village – Dorf
le vin – Wein
le visiteur – Besucher
la vitrine – Schaufenster
voir – sehen
le voisin – Nachbar
le vol – Flug, Diebstahl
voler – stehlen
vouloir – wollen
le voyage – Reise
voyager – reisen
vraiment – wirklich
le VTT (vélo tout terrain) – Mountainbike
la vue – Aussicht

Y

le yaourt – Joghurt

Z

Zut ! – Verflixt! Verdammt!

Bildnachweis

B

Seite 14: istockphoto.com/ Andrea Gingerich
Seite 17: fotolia.de/ Marta Szczesniak
Seite 19: EKS GmbH, Stuttgart
Seite 83: EKS GmbH, Stuttgart

DER RICHTIGE ÜBERBLICK IN FRANZÖSISCH!

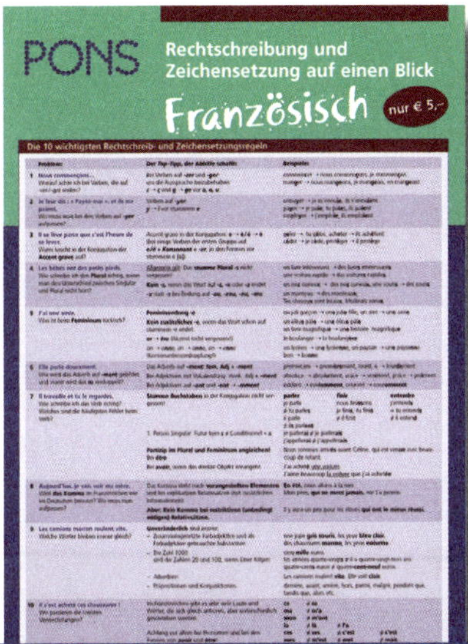

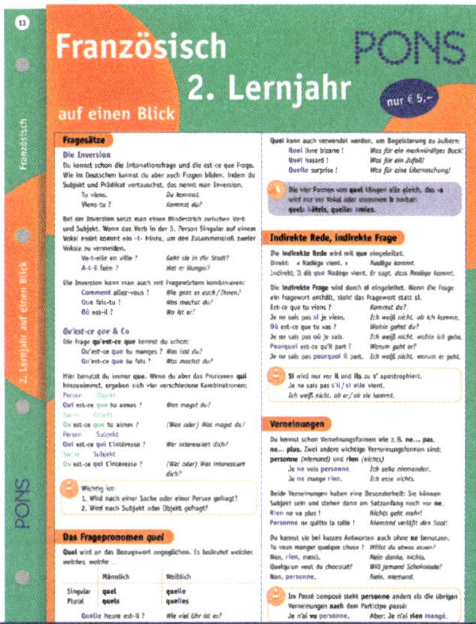

PONS RECHTSCHREIBUNG UND ZEICHENSETZUNG AUF EINEN BLICK
Alle wichtigen Regeln – einfach, verständlich, übersichtlich.

Präzises Basiswissen auf wenigen Seiten für Schüler. Mit seitlicher Ordnerlochung ideal für Schule, zu Hause und unterwegs – aus strapazierfähigem, abwischbarem Material. Für alle Sprachniveaus.
Format: DIN A4, laminiert, gelocht.
6 Seiten.

ISBN: 978-3-12-**561237**-2

PONS FRANZÖSISCH 2. LERNJAHR AUF EINEN BLICK
Kompaktes Wissen auf einen Blick.

Kompaktes Wissen im Überblick für das zweite Lernjahr Französisch. Für Schüler aller Schularten. Grammatik, Sprechabsichten, Vokabular und Aussprache – das Wichtigste aus einem Schuljahr auf einen Blick – für unterwegs, zu Hause und in der Schule. Das Extra: nützliche Lerntipps für Schüler. Aus strapazierfähigem, abwischbarem Material mit praktischer seitlicher Lochung, passend für jeden Ordner.
Format DIN A4, laminiert, gelocht.
6 Seiten.

ISBN: 978-3-12-**561026**-2

PONS

www.pons.de